DES**AMAR,**
DESAMAR,
DESAMAR
DE NUEVO.

Título original: *Amar, desamar, amar de novo*
Edición: Thania Aguilar y María Fernanda Gómez Peralta
Coordinación de diseño: Cristina Carmona
Diseño: Oyuki Alvarez
Traducción: Mónica Herrero

México: Dakota 274, colonia Nápoles,
C. P. 03810, alcaldía Benito Juárez,
Ciudad de México.
Tel.: 55 5220-6620 • 800-543-4995
e-mail: editoras@vreditoras.com.mx

Argentina: Florida 833, piso 2, oficina 203
(C1005AAQ), Buenos Aires.
Tel.: (54-11) 5352-9444
e-mail: editorial@vreditoras.com

Primera edición: mayo de 2023

ISBN: 978-607-8828-64-7

Impreso en México en Litográfica Ingramex, S. A. de C. V.
Centeno No. 195, colonia Valle del Sur, C. P. 09819,
alcaldía Iztapalapa, Ciudad de México.

Marcos Lacerda

DESAMAR, DESAMAR, DESAMAR DE NUEVO

Cómo construir una relación sana
y feliz sin morir en el intento

A la memoria de Lucinete Lacerda,
con quien aprendí a amar

Índice

Introducción   *¿Dónde quedaron las buenas relaciones?*   8

Capítulo 1   El peligro de las relaciones de "cuentos de hadas"   18

Capítulo 2   Vaya, ¡parecemos una sola persona!   38

Capítulo 3   Detrás del velo: los matrimonios del pasado y los de hoy   58

Capítulo 4   Sexo: ¿libertad o burocracia?   84

Capítulo 5   Celos: la bomba atómica de las relaciones   106

Capítulo 6   Traición: el amor en los tiempos de la infidelidad   124

Capítulo 7   Existe vida fuera del planeta Relación de Pareja   142

Capítulo 8   Cuando el peligro duerme en tu cama   160

Capítulo 9   Separación y superación   178

Epílogo   *El viaje termina con el encuentro de los enamorados*   198

Introducción

• • • • • • • • • • • • •

¿DÓNDE QUEDARON LAS BUENAS RELACIONES?

"La vida es una de las tareas que traemos para hacer
en el hogar.
Cuando ves, son tan solo las seis: hay tiempo…
Cuando ves: ya es viernes…
Cuando ves: ¡pasaron 60 años!
Ahora es demasiado tarde para fracasar…
Y si me dieran, un día, otra oportunidad,
yo no miraría el reloj,
seguiría siempre hacia adelante…
E iría arrojando por el camino la corteza dorada e
inútil de las horas".

MARIO QUINTANA, "Escondites del tiempo"

HABÍA una vez una pareja que se conoció a través de una de esas aplicaciones de citas. Cuando se vieron por primera vez, el joven, que hacía tiempo quería una relación que pudiera llamar propia, pensó: *¡Ella tiene todo para ser mi novia!*

Entonces, bailaron toda la noche, se divirtieron y se rieron con tanta felicidad que pensaron lo mismo: *¿Será posible que ya nos hayamos conocido en otra vida?* Todo así, de repente, intenso, rápido, pero tan rápido que, en un abrir y cerrar de ojos, ya eran boca, piernas y piel mezclándose entre las sábanas.

La conversación continuó a través de mensajes en el celular durante algunos días, pero... nunca más se vieron. Y así, el joven y la muchacha siguieron su vida, yendo y viniendo de una aplicación de citas a otra y en encuentros que no terminaban en nada. Y cada nueva frustración era como si una nueva cicatriz marcara el corazón de cada uno, como pequeños infartos, hasta que casi dejaron de creer en la posibilidad de una relación duradera y feliz. Estaban tan anestesiados por la forma efímera de las cosas que ni siquiera lograban imaginarse con alguien, más allá de algunos encuentros. Y se quedaron pensando que esa "suerte de un amor tranquilo", como dice la letra de Cazuza, tal vez existiera para algunos pocos, pero no para ellos. *The End.*

Espero que tú, querido lector (o lectora), no experimentes ese sentimiento. Que tu corazón todavía esté latiendo fuerte y que esté vivo, con pocas cicatrices o ninguna. Sin embargo, honestamente, dudo que sea así, porque esas decepciones parecen una epidemia.

No, no soy pesimista cuando se trata del tema de las relaciones. Por el contrario, cuando decidí escribir este libro, fue para demostrar que no es necesario tener suerte para tener un buen amor. En las próximas páginas, vamos a abordar cómo comprender y transformar tus relaciones o la forma en la que las vives en tu día a día. Te prometo que descubrirás dentro de ti habilidades para cambiar el rumbo de tus relaciones y para ser más feliz.

Será necesario nadar contra la corriente, sin ser anticuado para lograrlo. Estamos muy lejos de ese modelo de amor del siglo XIX. Sería una tontería decir que las formas de relacionarse afectiva y sexualmente no han cambiado, sobre todo, después de la velocidad del internet, la hiperconexión y las posibilidades que esto trajo.

La moda ahora es "amar al que sigue". El que sigue en la fila, el que sigue en la aplicación, el que sigue en la próxima fiesta. Entonces, que venga el que sigue para ser "amado". Amado no. Consumido, ¿verdad? Porque hoy todo el mundo quiere ser libre, quiere vivir experiencias, quiere estar "al tanto", quiere tener su espacio. Comportamientos ligados a la visión de juventud y a la falta de compromiso, que (admitámoslo) está cada vez más desvalorizado en nuestra sociedad. Y esto termina siendo otra complicación más para las relaciones, porque ser eternamente joven (o hacer de todo para aparentar serlo) se ha vuelto una forma de esclavitud para muchas personas. Incluso parece que algunos cambiaron la flecha de cupido por la jeringa con bótox, y siguen olvidándose de que, como decía Mario Quintana: "Cuando ves, ¡pasaron 60 años! Ahora es demasiado tarde".

Ah. Todo tiempo pasado fue mejor, pensarán los nostálgicos. No, todo tiempo pasado no fue mejor. Antes solo era diferente. Pero diferente quiere decir simplemente que no era igual, ¿será?

Ahora sí, tu cabeza está confundida. Primero, digo que las cosas cambiaron, sobre todo después de internet y de la transformación que generó. Entonces, ¿cómo puedo, de repente, cuestionar la diferencia? Calma.

Te lo explico. Sucede que, cuando no existían los smartphones ni las aplicaciones de mensajes instantáneos ni las de citas, existía el teléfono fijo. Entonces, las personas reventaban la factura telefónica comunicándose con un amigo, una especie de sala de conversación por teléfono que contactaba a las personas interesadas en hacer nuevas amistades. Lo que se buscaba era una relación, sexo o alguien con quien besarse. Y, yendo más atrás en el tiempo, estaba la plaza del barrio, donde los niños jugaban y los adolescentes ligaban. Para quien vivía lejos, la "aplicación" era una carta, de esas de papel, con sobre y estampilla. ¿Te acuerdas?

Y estaba esa ansiedad de esperar que pasara el cartero, trayendo (o no) la respuesta de la persona amada. Sucede que, muchas veces, la maldita carta simplemente no llegaba. Y entonces escribías otra vez y, si no llegaba una respuesta de nuevo, era el equivalente actual al botón de "bloquear contacto". Ya estabas excluido de la vida de la otra persona y punto.

Para quien vivía en la misma ciudad, las amistades llevaban y traían mensajes o notas apasionadas. Los solitarios llamaban a los programas románticos de las estaciones de radio y dejaban sus "perfiles" que el locutor, con voz impostada, leía acompañado de música melosa: "Mujer, 25 años, de la zona norte, 1.75 m, 70 kg, soltera, busca pareja o amistad con hombres de la región. Le gusta el cine y cenar fuera". Más música empalagosa y continuaba: "Joven de 19 años, delgado, 1.80 m, 78 kg, pelo castaño, de la zona oeste, busca pretendientes para una relación seria. Le gusta surfear en su tiempo libre y es muy romántico". Así eran las cosas.

Todo ello sin contar con los programas de citas en la televisión, que estuvieron en su apogeo en los años ochenta y noventa. A muchas personas les parecían muy cursis, ¡pero la gente se divertía!

No tienes que oler las páginas del libro, porque el olor a naftalina y moho es fuerte. Pero ¿adónde quiero llegar con esta charla tan de otra época? Quiero que te des cuenta de algo muy simple: las formas y las herramientas para buscar y vivir relaciones cambiaron, pero lo que nunca cambió fue la carencia y la búsqueda humana de afecto y compañía. Sea a través de aplicaciones, de cartas, de la literatura romántica o de las telenovelas (así como en la vida real), siempre hubo desencuentros, amores no correspondidos, la sensación de que "nadie me presta atención", de que "nací para estar solo" y "voy a quedarme para vestir santos" o ser el "solterón del barrio".

Esos eran los términos utilizados antiguamente, cuando las mujeres o los hombres superaban la edad casadera. Es decir, los humanos desde siempre nos hemos sentido vacíos, siempre hemos buscado amores y hemos sufrido con esa búsqueda o a causa de ella. Si no fuera verdad que las frustraciones y ansiedades de hoy son las mismas que las del pasado, los melodramas televisivos ya habrían dejado de existir y nadie sabría quién fue Shakespeare. Sí, 400 años después, la historia de Romeo y Julieta todavía sigue en la cabeza de todo el mundo. Y no es casualidad que, con o sin tecnología, las grandes historias de amor siempre tuvieron el poder de movilizar al mundo entero, pongamos de ejemplo a la princesa Diana y todas las bodas reales que vinieron antes o que vendrán después de la suya.

Entonces, de entrada, vamos a acabar con la idea de que hubo un tiempo en el que vivíamos buenas relaciones de pareja y que estas dejaron de existir debido a la sociedad consumista y tecnológica, en la cual el sexo es fácil y las personas se volvieron desechables. Pensar así equivale a crear una especie de mito que (mientras esconde una humanidad extremadamente angustiada y cada vez más deprimida) muestra algo de nuestra frágil esencia. Tom Jobim, el reconocido intérprete y compositor de bossa nova, tradujo este sentimiento al cantar que "es imposible ser feliz solo". Y no, no hay que enojarse con lo que el poeta escribió, ni tomarlo como un insulto personal y comenzar a gritar: "¡Qué absurdo! ¡Pues yo vivo solo y soy muy feliz!".

Está bien, te creo. Algunas personas pueden ser felices sin tener una relación amorosa. Pero amplía un poco tu percepción sobre lo que Tom Jobim estaba diciendo y seamos honestos: buscamos cualquier cosa que haga pasar el dolor que nos consume.

Ese dolor que solo nosotros, los seres humanos, sabemos cómo es. Que habla de la soledad, de la sensación de estar incompleto y de un tipo de desamparo existencial que la pareja nunca va a ser capaz de suplir (algo que tampoco le toca hacer), pero que, sin duda, en compañía de alguien que amamos y que nos ama, logramos soportar mejor.

Entonces, lector o lectora, si me permites, voy a reescribir la frase del poeta y diré que es imposible salvarse solo de ese abismo afectivo que sobrevive en uno y que atraviesa generaciones, a pesar del paso de los siglos. Por eso, aunque las relaciones no sean color de rosa, no sean pasión desenfrenada a cada minuto, a pesar de que tengan momentos de desacuerdos y de malentendidos, el ser humano sueña con alguien especial que le caliente el alma cuando el viento helado de la soledad lo ensombrece.

En esa búsqueda de respuestas o salidas, muchas personas recurren a las lecturas sobre relaciones, porque buscan respuestas o fórmulas para mejorarlas. Si ese fuera tu caso, te tengo una noticia mala y una buena:

− **La mala noticia:** las fórmulas no funcionan (¡quizás ya sabes esto!).

+ **La buena noticia:** puedes aprender a crear tus propias fórmulas para lograr ser feliz en la relación sana que tanto quieres.

Desde que comencé con el canal *Nós da Questão*, que en castellano significa "el meollo del asunto", en YouTube, recibo numerosos correos todos los días de suscriptores que me cuentan situaciones de su vida y me preguntan: "¿Qué debo hacer?". La persona que busca ayuda mediante mensaje privado y me hace ese tipo de pregunta, parte de dos principios:

1. Otra persona sabe mejor que yo lo que es más conveniente para mi vida.
2. No me considero parte del problema y me eximo de la responsabilidad de resolverlo.

Como si buscara una píldora mágica que lo sacara del País de las Maravillas de Alicia o lo colocara ahí.

Y, en ese grupo de personas (que necesita una respuesta que provenga de fuera) están quienes recurren a los astros, a los amarres y a los charlatanes que ganan dinero vendiendo soluciones mágicas y eslóganes que la gente quiere escuchar, pero que no resuelven nada.

Aprende algo: nunca permitas que yo u otro psicólogo, o cualquier otro "-ólogo" de por ahí, decida qué es mejor para tu vida. Primero, porque esa no es nuestra función y, segundo, porque tu palabra y tu percepción tienen que ser lo más importante. Al final, si el camino elegido resulta el más acertado o no, habrás sido fiel a tus sentimientos y es muy liberador cuando nos sentimos dueños de nuestras elecciones. Por supuesto que mis palabras pueden hacerte reflexionar, y espero que lo hagan, pero nunca te las tragues como una píldora de verdades absolutas. ¡No me des ese poder a mí ni a nadie!

Recuerda que el mejor camino para tu relación existe, pero no viene de fuera, ni está trazado de forma clara ni como una verdad única. Y mucho menos va a salir de la boca de un extraño. Tus caminos afectivos están dentro de ti y se revelan a partir del momento en que comprendes mejor tus sentimientos y las dinámicas de la relación de dos (o de tres, o de cuatro, quién sabe). El conocimiento es poder. Poder para decidir quedarse o irse, transformar o conservar, creer o dudar.

Es esto lo que quise decir al comienzo. Te prometí que, al terminar este libro, descubrirás dentro de ti, y no dentro de mí, las habilidades para cambiar el rumbo de tus relaciones. Si este libro te hiciera dependiente de mí (con cursos o guías online que yo te induciría a comprar al final de esta lectura), seguramente no lo escribiría. Trato de compartir alianzas humanas transformadoras, no de aprisionar a las personas.

Naciste para ser como un pájaro, libre en tus relaciones con lo que amas (o con lo que lees). En este libro podré hacer muchas cosas contigo, pero no por ti.

Entonces, ¿qué tal si hacemos esa transformación, tú y yo, lado a lado, reflexionando sobre lo que tengo que decirte en las próximas páginas? Es hora de que te reinventes por medio del conocimiento.

¿Nos embarcamos en este viaje?

···············

EL PELIGRO DE LAS RELACIONES DE "CUENTOS DE HADAS"

"Quiero amar, amar perdidamente.
Amar solo por amar: aquí… además…
Pero a Este y Aquel, al Otro y a todo el mundo
¡Amar! ¡Amar! Y no amar a nadie".

FLORBELA ESPANCA, "Amar"

"EL ROMANTICISMO murió".

"Nadie quiere tener nada serio con nadie".

Seguramente, alguna vez has dicho eso o por lo menos escuchaste algo parecido por ahí, ¿verdad? Es muy común escuchar a las personas decir cosas por el estilo. De hecho, estamos viviendo en un planeta donde "todo el mundo espera algo de un sábado en la noche", pero no nos estamos dando cuenta de que sucede algo extraño... que parece incoherente: todo el mundo se busca, pero nadie se encuentra. Regresar a casa solo después de la salida se ha vuelto casi una regla.

Se habla de amores líquidos, de relaciones *fast-food*, de amigos con "beneficios", y así sucesivamente. Pero la verdad es que, independientemente de la etiqueta, vivir en pareja es algo complicado. Por más que amemos, no sentimos todo el tiempo ese amor del tipo "mariposas en el estómago" (y ¿deberíamos sentirlo?).

Las relaciones también son desacuerdos, injusticias, malentendidos y, a veces, hasta el deseo de irse para no regresar nunca más. Sin embargo, me pregunto si lo que está sucediendo hoy en día es realmente una desestructuración que hace que la relación no sea viable, o si las parejas contemporáneas no estarán atravesando una paradoja complicada: o descubren si quieren continuar viviendo según los formatos de relaciones que aprendieron o apuestan a la fragilidad de ser pareja, sumergiéndose en la aventura de encontrarse con uno mismo y de aprender a comunicarse sin máscaras o velos preconcebidos.

No es que ahora se busque la superficialidad. **Lo que las relaciones están atravesando es una desestructuración en busca de una nueva identidad, de formas diferentes de relacionarse y de ser feliz.**

Como toda transición, esto puede ser algo muy doloroso y aparentemente caótico. Calma. Apenas estamos al comienzo del libro, vamos a conversar bastante sobre esto, pero te garantizo que el panorama es bueno.

Creo que no sería ni un poco osado afirmar que existe una posibilidad casi infinita de formatos de relación. Pero el caso es que, cuando dos personas quieren compartir su vida, de forma amorosa, siempre va a estar el pariente, el vecino, la sociedad... para recordarles que hay costumbres que hacen que una relación sea "normal y sana" y que su relación y su amor solo serán verdaderos si encajan dentro de ese frasco con la etiqueta donde se leen, en letras gigantes, las normas establecidas y utilizadas por generaciones.

No estoy diciendo que las relaciones pueden, necesitan o tienen que ser abiertas, cerradas, semiabiertas, estables, de ida y vuelta, monógamas, polígamas, poliamorosas, competitivas, enroscadas, complacientes, homosexuales, independientes... Tanto esfuerzo por clasificar a los otros llega a cansar. **Lo que quiero que comprendas es que hay tantos modelos de relaciones como personas en el mundo,** y que tú y la persona que amas van a tener que encontrar el propio.

Hay mil maneras de prepararse para el amor, pero, para inventar la tuya, vas a tener que arriesgarte a sumergirte en tus verdades y desmontar las de tus padres, de tu familia y de tus amigos; verdades que te tragaste como una píldora y terminaste creyendo que eran tuyas.

> **Para ello, comienza preguntándote cosas simples del tipo:**
>
> ✓ Al final, ¿quién soy en una relación?
>
> ✓ ¿Qué es, precisamente, lo que me hacer sufrir o lo que me hace feliz en una relación de pareja?
>
> ✓ ¿Habré nacido para ser madre o es que me enseñaron que una mujer solo está completa cuando vive la maternidad?
>
> ✓ ¿Será que realmente me gusta el fútbol o me enseñaron que a mí solo me podía gustar el fútbol y nunca la danza?

Por supuesto que estas frases son solo provocaciones para estimularte a que te preguntes muchas más cosas. Porque el problema es este: ¿cómo experimentar mi verdad interior sin miedo a enloquecer o sin sufrir el juicio de los otros? Vivimos tan distantes de nuestra esencia, tan atrapados en lo que nos enseñaron sobre lo que deberíamos sentir, que terminamos arruinando muchas veces nuestras relaciones debido a sentimientos y comportamientos que, en el fondo, no son nuestros.

Créeme, en más de 25 años trabajando como psicólogo clínico, atendiendo a muchas personas todos los días en mi consultorio, ya he escuchado mucho sobre las relaciones humanas. Algunas historias dejarían al Marqués de Sade con los pelos de punta. Pero, cálmate, no te preocupes, no te voy a dejar con la curiosidad. Puedo citar algunas anécdotas que he escuchado a lo largo de todos estos años para que tratemos de pensar juntos, pero, claro, sin nombrar a nadie. Al final, no necesito recordarte que es mi deber ético proteger siempre la privacidad y el anonimato de mis pacientes.

Me acuerdo de un paciente que vivía con su novia (que después fue su esposa), tenían una relación de ensueño. De esas de cuentos de hadas, ¿te suena? El sueño de que un día tendremos la familia perfecta y feliz, con hijos adorables y obedientes, un labrador moviendo la cola. Que nos despertaremos todos (bien peinados, sonrientes y platicadores) y nos sentaremos alrededor de la mesa, con café con leche humeante, y comeremos un delicioso suflé de maíz con una generosa capa de crema vegetal (traducción: cuscús con margarina, porque soy nordestino y adoramos el cuscús en el desayuno) y todo va a ser esa felicidad eterna y yo seré para siempre solo tuyo y viceversa, hasta que juguemos con nuestros nietos. Pues bien, era ese el modelo que mi paciente y su novia buscaban y el que creían estar construyendo.

En realidad, no es solo este paciente. Este modelo es una fantasía presente en el inconsciente de la mayoría de los brasileños: el de las familias que aparecen (o aparecían) en los cuentos de hadas. Es el modelo de relación ideal (como si hubiera un modelo único) en el que dos personas forman una pareja que será feliz para siempre. Sin tener en cuenta que los cuentos de hadas relacionan la felicidad amorosa con una práctica de consumo. Por lo tanto, aprendes también, indirectamente, que para ser feliz en una relación afectiva, amorosa, la pareja tiene que tener una dinámica de consumo elevada. Y ¿hay algo equivocado en soñarse dentro de este modelo? No hay nada malo con soñar. El problema es que así no son las cosas en la vida real.

Para combinar el cuento de hadas con el espíritu consumista que se aferra al amor, llamaré Mike a mi paciente y a su compañera, Lucy (nombres a propósito muy estadounidenses). Después de dos años de noviazgo y uno de casados, y aunque Mike mantuviera la rutina y no le diera motivos a Lucy para desconfiar de él, a ella se le metió en la cabeza la idea de que él ya no era el mismo: que se comportaba raro, como si escondiera algún secreto.

> "De la nada, ella me dijo que me estaba pasando algo que yo no le quería contar. Lo negué: '¿Estas loca, Lucy? ¿De qué estás hablando? Basta, amor, no está pasando nada'. Ella insistió en que, cuando me miraba, algo parecía estar mal, fuera de lugar. Cambié el tema y le dije que ya no siguiera con esas paranoias".

Mike me contó que Lucy era una persona con una intuición muy aguda. La condenada parecía incluso ser capaz de leer el alma de él, percibía señales que no lograba descifrar con claridad, pero que la mantenían atenta.

En realidad, Mike ya había estado hablándome de cosas que él había vivido, que no lograba contarle a la esposa y que lo estaban angustiando. Me confesó que (después de ese interrogatorio) sabía que si no se sinceraba con Lucy, sería peor, porque ella indagaría hasta descubrir la verdad. La conversación se calmaba por unos días, pero luego surgía de nuevo el mismo tema. Lucy no paraba de insistir y Mike cambiaba de tema. Pero algunas semanas pasaron, hasta que ella finalmente fue más incisiva y lanzó una pregunta que lo tocó en el alma: "Oye, ¿me estás engañando?".

Mike le dio una respuesta que, para quien viera la situación desde afuera, parecería bastante sinvergüenza. Sin embargo, estaba tratando de ser lo más sincero posible y, de algún modo, hablar fue algo liberador para él: "Te engañé, pero no de manera constante". Entonces, le explicó a Lucy que había salido algunas veces en encuentros casuales, pero que, en tres años, eso solo había sucedido dos veces. Y entonces vino esta situación, ¿verdad? La rabia, el odio. Frases como: "No te me acerques", "Vete de aquí", "No quiero verte nunca más…", todo lo que está en el guion. Y cuando digo "guion", no es porque la vida se parezca a una novela, sino porque **muchas veces las personas reaccionan a las situaciones no conforme a lo que sienten en realidad, sino a cómo les enseñaron a reaccionar.**

En la sesión siguiente, una semana después, Mike me cuenta que Lucy apareció queriendo conversar. Con la cabeza más fría, analizó lo que había pasado y decidió preguntarle a Mike si ya no la amaba y qué era, en realidad, lo que él quería.

"Doctor, incluso muy lastimado por todo lo que estaba pasando, dejé que las palabras salieran de la manera en que me venían a la cabeza y dije: 'Lucy, te amo y tengo miedo de perderte. Realmente no me imagino viviendo con otra persona. Para mí, nuestra relación me completa demasiado. Pero no puedo negar que, incluso amándote, a veces me siento sexualmente atraído por otras mujeres'".

Un momento… me ama… se siente atraído por otra mujeres… Esas palabras no parecían tener sentido para Lucy. Pero después de muchas pláticas, las palabras terminaron encajando. En ese contexto tenían sentido, porque Lucy también se dio cuenta de que (a pesar de sentir que su marido era el hombre de su vida) a ella también le parecían atractivos otros hombres y tenía fantasías secretas con ellos, aunque jamás lo había traicionado.

Por supuesto que saber esto fue como una bofetada para Mike, que se enfureció, se indignó, cuestionó el carácter de su esposa (no cuestionó el suyo, obvio), hasta que, gradualmente, deconstruyó su propio machismo y las creencias limitantes que le habían enseñado. **Comenzó a entender que los hombres y las mujeres son seres de deseo y que Lucy no sentía nada distinto de lo que él mismo ya pudiera haber sentido.**

Pero ¿cómo es eso? La ciencia ya se cansó de mostrar que los hombres y las mujeres tienen "necesidades sexuales" diferentes. Está en la "naturaleza" del hombre plantar su semilla en la mayor cantidad de jardines posibles y la función del jardín es quedarse quieto, esperando la semilla. ¿Dónde se ha visto un jardín que corra y grite: "Siembren en mí"? Qué absurdo. Algunos hasta van a echarle la culpa a la testosterona: los hombres están inundados por la hormona del deseo sexual. Esto es así desde el tiempo de las cavernas, ¿verdad?

No se puede negar que existen diferencias hormonales entre los hombres y las mujeres, pero nuestra capacidad de desear afectiva y sexualmente es algo que sobrepasa la bioquímica del cuerpo.

Piensa conmigo: si dijera que todo hombre es un "perro, desgraciado, sinvergüenza" y que el que nunca ha engañado, seguramente lo hará algún día, pero que, por otro lado, toda mujer, por tener un metabolismo y una anatomía diferentes del hombre, es lo opuesto de él, surge la pregunta: ¿con quién engañan los hombres? ¿Con otros hombres? Algunos, tal vez, pero seguramente no la mayoría.

Es decir, si el deseo de los hombres y las mujeres es así de diferente, esta ecuación de la traición compulsiva de los hombres simplemente no cuadra. Y ahí nos quedamos con la lógica absurda de que el hombre es así y tan solo está siguiendo su instinto. ¡Detente! Detente, que esto está feo.

Ser como realmente eres...

Pero volviendo a Mike y Lucy, veamos lo que se puede aprender con ellos. Deja de lado tus juicios sobre esta pareja. Sé que, mientras leías este relato, tu cabeza trabajó sin parar y, de manera inconsciente, trataste de ponerles a los dos alguna etiqueta. Tendemos a hacer eso, aprendemos desde pequeños a vivir clasificando cosas. Pero el fragmento del relato de esta pareja sirve para ilustrar que, a partir de ese momento de dolor que vivieron, nació algo muy rico en su relación (y que puede nacer en la tuya también): la posibilidad de ser, uno para el otro, lo que son en realidad. Surgió la oportunidad de hablar sobre lo que realmente sienten, piensan y desean. De no tener que usar máscaras y, sobre todo, de comprender que ambos son humanos y que nadie siente o vive exactamente lo que las sociedades o las religiones o hasta los cuentos de hadas determinan. Eres mucho más complejo que tu biología y que tu anatomía. Serás feliz en tu relación con otra persona cuando esa complejidad pueda mostrarse y pueda ser recibida sin juicios por ambos miembros de la pareja.

Pero también aprende algo, antes de ir arrojando piedras a los otros, ni yo, ni tú, ni nadie vive de forma ideal: **en realidad, no vivimos como nos gustaría, sino como logramos hacerlo.**

Solo viviendo logramos hacerlo, vamos madurando y mejorando, poco a poco, como seres humanos, como pareja. Además, sé honesto y respóndeme: si la persona que amas conversara abiertamente contigo sobre lo que siente, ¿tendrías la madurez para aceptar esa realidad del mundo interior del otro sin escándalos ni prejuicios? Y aparte, ¿serías lo bastante honesto como para poner en la mesa tus realidades y deseos inconfesables? ¿O entrarías en modo automático y le darías una patada voladora en la yugular a la otra persona? "Ah, pero vivir de esa forma, conversar ese tipo de cosas, es muy difícil", me dices. Y sí, lo es. Pero actuar de esa forma en las relaciones es un ejercicio de madurez que aclara los aspectos más oscuros y difíciles de vivir en pareja. Entonces, **¿qué tal si comienzas a buscar una vida amorosa más rica en compañerismo, quitándote los disfraces y practicando la honestidad, la transparencia madura, incluso en aquello que te enseñaron que la parejas no pueden sentir o que piensan que no está bien sentir?**

Mientras no seas lo bastante honesto como para dialogar sobre tu verdad interior con el otro y no tengas la serenidad para recibir la verdad del mundo interno de quien amas, tus relaciones siempre serán efímeras, como los cuentos de hadas, que, por si no te acuerdas, duran no mucho más de dos horas en la programación de la tele.

Como creo que la teoría enseña, pero el ejemplo transforma, ¿qué tal si continuamos deconstruyendo el mito de la relación de "cuento de hadas" partiendo de la historia de otra pareja? Esta vez, solo para que la cosa quede más románticamente melosa, utilizaré nombres franceses: los llamaré Jean y Amélie.

Apuro por llegar a ningún lugar

Jean y Amélie eran personas muy intensas, ambos eran tan intensos que, desde su primer encuentro hasta que se fueron a vivir juntos, pasaron solo ocho meses. Si ella hubiera pensado que hasta un bebé que nace a los ocho meses de gestación es prematuro, quizás habría esperado un poco más...

Pero, por favor, no juzgues. Lo que importa es entender lo que esta pareja vivió, para que aprendas algo que haga que tus relaciones sean más ricas y duraderas. Vamos a escuchar un fragmento de lo que Amélie dice en sus sesiones de terapia en mi consultorio:

"¿Por qué no me iría a vivir con él? Sentíamos que éramos tan parecidos, tan iguales en el mundo, la sintonía era perfecta... En realidad, yo sentía que éramos almas gemelas. Por eso, no entiendo lo que está pasando. ¿Por qué, después de que nos fuimos a vivir juntos, comencé a sentir que no éramos tan parecidos?". Tomó un pañuelo de papel y se secó las lágrimas que no lograba contener y continuó entre sollozos: "En realidad, somos muy diferentes. Siempre soy tan atenta, ¿por qué no lo vi antes?".

Jean nunca se preocupaba por el orden, mientras que a Amélie le gustaba cuando la casa quedaba como la portada de una revista de decoración. Ella también se había dado cuenta de que esa manera desaliñada de vestir de Jean, que antes era adorable, se había vuelto algo extremadamente irritante cuando pasaron a dormir y a despertarse juntos todos los días. Si a Amélie le gustaba recibir gente en la casa, Jean prefería que se reunieran con amigos en bares o restaurantes. Amélie tenía el sueño ligero, Jean roncaba fuerte... Si continuaba, la lista de diferencias sería gigantesca, pero creo que es suficiente para que entiendas el tamaño del drama.

Con tantas diferencias, las cosas solo podían desmoronarse, ¿verdad? No, incorrecto. Las diferencias siempre van a existir en las relaciones, tenemos que aprender a convivir con eso y negociar para superar cada una de ellas. Por lo tanto, si te vas a separar porque el otro es diferente, te doy un consejo de una vez: ni comiences una relación. Nadie vive con un espejo.

Entonces, ¿qué es lo que, a fin de cuentas, estaba saliendo mal? ¿Por qué el sueño de la relación de "cuento de hadas" se estaba derritiendo? La respuesta está, en parte, en esa frase de

Amélie: "Nos amamos, de eso no tengo dudas. Pero muchas veces tengo la extraña sensación de que Jean no es Jean, es otra persona".

Y era exactamente ese el meollo del asunto: Amélie se había ido a vivir con una fantasía. En lugar de mirar a Jean y verlo tal como él era en verdad, ella tomó un hombre que le atraía y lo utilizó como una tela en blanco, que pintó con los colores que ella deseaba. Por eso, al irse a vivir juntos, Jean le parecía otra persona, porque finalmente ella lo veía como él era de verdad. Ahora, respóndeme: ¿cuántas veces has exagerado y le has atribuido al otro virtudes, modos o actitudes que te gustaría que tuviera, pero que, en el fondo, sabes que no tiene?

Cuando estás dispuesto a relacionarte con alguien, es necesario tener la madurez de comprender que el otro tiene cualidades que te gustan mucho, pero que habrá varios puntos de desencuentro. Insistir en que el otro tape mis agujeros emocionales, atribuyéndole mis fantasías al estilo "cuento de hadas" (en las que todo es feliz, perfecto, limpio, organizado y bueno) es una de las grandes tragedias de las relaciones. Eso solo hace que las personas sean incapaces de relacionarse verdadera y profundamente entre sí. El secreto no está en esperar que el otro complete mi propio vacío, sino en que me pueda dar la certeza de que no estoy solo en mi condición humana, que es naturalmente muy desamparada y llena de deficiencias.

Con mucho tacto y muchas pláticas, Amélie terminó comprendiendo que jamás había amado a Jean y, fíjate, fue precisamente al comprenderlo que por fin logró comenzar a amarlo y permitir que él la viera tal como ella era de verdad. Porque no es solo el otro al que pintamos con los colores de nuestro deseo. Nosotros también, de manera inconsciente, nos disfrazamos y, rara vez, mostramos nuestros anhelos, miedos o cualquier otra característica que consideremos que es un punto débil.

Casi siempre, uno cree que, si su pareja descubriera lo que de verdad piensa, o si al menos sospechara de sus anhelos, deseos y debilidades, seguramente le parecería ridículo y nunca sería amado. El miedo a lo que el otro dirá o pensará sobre uno es, sin duda, algo que se apropia de uno y le impide ser genuino en sus relaciones.

Honestidad

Si las relaciones de Mike y Lucy y de Jean y Amélie tienen algo que enseñarnos es que, por medio de la construcción de una relación honesta, ellos encontraron el camino que evitó que se perdieran el uno al otro. **Cuando hablo de una relación honesta, quiero decir que es un espacio de confianza mutua en el cual cada uno puede expresar su verdadera esencia,** sus miedos, sus deseos, lo que le gusta y lo que no.

Cuando la pareja logra liberarse de los patrones, encontrar su propio proyecto y conversar sobre las directrices que ambos eligieron para orientar la relación, el resultado final puede ser como si la relación hubiera dado un giro de 180 grados. Sí, puede sonar extraño para los demás o para la sociedad el modo en que ustedes vivan o construyan su relación, pero lo que importa es que puedan ser ustedes mismos. Después de todo, aunque los otros los vean mal, lo que está en juego aquí es algo que todo el mundo quiere, pero pocos consiguen: la felicidad en el amor.

¿Por dónde comenzar?

Ahora que comprendiste que adoptar (consciente o inconscientemente) el modelo de relación de "cuento de hadas" es la más grande equivocación, y que cada pareja necesita encontrar su modo de vivir, de formarse, de expresarse, de comunicarse y de permanecer unida, vamos a ir un poco más atrás en el tiempo para discutir otro asunto muy importante: ¿puedes comenzar una relación?, ¿sabes cómo hacerlo?

Antes de que me digas que mi pregunta está fuera de lugar, permíteme que te cuente un pequeño secreto: además de estar equivocadas acerca de cómo mantener una relación de forma sana, muchas personas tienen cada vez más dificultades para empezar una relación. La epidemia de soledad es tan grande que Reino Unido decidió crear un Ministerio de la Soledad, encargado de actuar junto con otros organismos del gobierno para enfrentar este problema. Está claro que, en ese caso, se habla de la soledad como una sensación de estar desconectado del mundo, de sentirse incomprendido. También se refiere a la falta de relaciones más intensas y significativas con otros seres humanos, vínculos que necesitamos si queremos mantener la salud mental en orden, ¿verdad?

Pero en esta soledad global también están quienes nunca, o rara vez, logran, o saben, empezar una relación afectiva/amorosa. Y pon atención, que el número de personas en esa situación no es pequeño. Entonces, ¿dónde está el error? ¿En qué están fallando esas personas?

El caso es que mucha gente no se da cuenta de que vive atrapada en el mito de que existe una persona (solo una) correcta para amar en el mundo y que es necesario encontrarla para ser feliz. Este mensaje está en nuestro inconsciente colectivo y se materializa en los cuentos de hadas e historias de amor que escuchamos desde la infancia y eso interfiere mucho en cómo lograr empezar una relación amorosa.

Pero ¿sabes por qué muchas personas creen que existe una "pareja perfecta" que va a completarlas? Porque esa persona ya existió y está en tu pasado, cuando todavía eras bebé. Una época en que tenías a alguien que te alimentaba, te amaba, te daba calor y hacía que todos tus cólicos y sufrimientos pasaran. Así es, estoy hablando de tu madre o de quien sea que haya cuidado de ti, cuando apenas comenzabas a ser persona. Ese amor perfecto de la infancia se vuelve, sin que lo percibas, la certeza de que existe en el mundo una persona que va a aparecer para dar fin a la sensación de que estás incompleto y va a terminar de una vez con la soledad.

Así, cuando sales a la vida buscando esa pareja perfecta e idealizada, no te das cuenta de que esa búsqueda, en realidad, está hablando de una imagen inconsciente que llevas de quien sea que haya cuidado de ti al comienzo de tu vida.

Entonces, terminas sintiendo siempre una fuerte atracción por personas que, de alguna manera imperceptible, te hacen recordar algo de tu época de bebé (como el olor de su piel, las características físicas, su modo de comportarse, su tono de voz, su temperatura, su temperamento...). Por eso, la idea preconcebida de que existe un alma gemela que te espera en algún lugar recóndito del planeta es un gran engaño de la humanidad que entorpece bastante tu vida amorosa.

Es necesario aprender a lidiar con el hecho de que la relación con la persona ideal no va a llegar lista. Esa alma gemela no se encuentra, es un vínculo que tiene que construirse. Es decir, después de que creces, te das cuenta de que la persona ideal no existe.

Al descubrir que las relaciones no nacen listas, vas a aprender finalmente a empezar una relación. Esta construcción se inicia cuando encuentras a alguien con quien tienes buena afinidad y, a partir de entonces, uno se reinventa para el otro, porque en la convivencia ambos se renuevan y se transforman.

Por eso es posible, a lo largo de la vida, encontrarte con varias personas correctas que además tienen temperamentos, colores, formas y gestos muy diferentes.

Aprendiendo a ser en conjunto

▶ **¡Sé tú!**

El consejo de ser tú mismo en una relación es fácil de dar, pero muy difícil de seguir en la vida práctica. ¿Por qué? Porque vives en sociedad, tienes familia, amistades, compañeros de trabajo y, desde que naces, te adiestran con una palabra que te paraliza y al mismo tiempo te moldea: no.

No puedes, no agarres eso, no te metas eso en la boca, no te subas, no toques tu cuerpo, no comas así, no tiene que gustarte tal cosa, no hables de tal forma... No tarda mucho en que los "nos" que venían de afuera pasen a venir de adentro, como si existiera una multitud vigilante y lista para acusarte siempre que pienses, sientas o (sobre todo) te comportes de una forma diferente a cómo lo hace la mayoría de las personas. Y, entonces, vas dejando de saber qué sientes, qué piensas o quién eres, en realidad.

Eso es un desastre para las relaciones. Porque va a repercutir siempre de una forma muy negativa. Inconscientemente, en cada relación que trates de armar, vas a tener que descubrir que para amar siempre será necesario que te escondas de ti mismo y de la otra persona. Pero no te ilusiones: incluso en nombre de la sociedad, de la familia, de la religión y de las costumbres que te enseñaron, pagas un precio alto por perder tu esencia y, además, te van a pedir el cambio. Entonces, se genera una guerra silenciosa, con un único objetivo: "Nunca fui como quise, y tampoco hice lo que deseaba. Entonces, voy a pedirles, aunque sea de manera inconsciente, lo mismo a ti y a todos a mi alrededor". Es decir, si nunca fui libre para ser quien verdaderamente soy, tú también vas a pagar con la misma moneda. Es eso lo que está detrás de la relación feliz tipo "cuento de hadas".

Por todo esto, sigue este consejo: renace en la relación siendo tú. Vive con otro, de una forma más entera y solidaria, no solitaria (porque la soledad en pareja no sirve para nada). Cultiva una relación en la que los dos sean capaces de hablar sobre las verdades silenciadas que existen dentro de cada uno. Para así crear (al menos con la persona que elegiste para amar) una pareja de disidentes, de personas que son auténticas con sus deseos y que permiten que el otro también lo sea, en toda su plenitud y bien lejos de las redes sociales. Sin culpas, sin miedos, sin disfraces.

▶ **¡Sé afectuoso!**

Hay personas que se confunden y creen que, cuando se dice "sé tú", significa también "sé una persona egoísta o seca". Nada de eso. Llevar tu relación lejos del formato plastificado también es discutir la ternura. Sé afectuoso en los pequeños gestos: usar un tono de voz verdaderamente suave y acogedor y tener siempre una expresión receptiva cuando miras a la otra persona (sin juicios) son buenos ejemplos de lo que te quiero decir. Nos sentimos muy atraídos por quien se muestra afectuoso. Es agradable relacionarse con alguien que te hace sentir que te quiere bien (tal como eres, sin máscaras) y que te demuestra que no te dejará por ser quien eres.

Sin embargo, presta atención a un detalle: no eres la madre, ni el padre, ni el psicólogo de quien amas. Lo digo porque a veces algunas personas ni se dan cuenta de que tienen dificultades para dar y recibir afecto de una forma saludable. Esto se debe a que hace mucho (en su infancia) vivieron conflictos y tienen heridas que nunca cicatrizaron. Estas heridas están ligadas al rechazo, al abandono, a las humillaciones, a las traiciones experimentadas o a otras injusticias. ¿El resultado? Después, cuando estas personas son adultas, terminan buscando en las relaciones una forma de sanar ese pasado infantil lastimado. No esperes (ni dejes que el otro espere) que las carencias afectivas las llene quien te ama. Las heridas del pasado de la otra persona no son tu responsabilidad, ni viceversa. Por más que ames y te amen, el afecto del otro nunca servirá como cura para las lesiones que no se refieran a las relaciones del presente.

▶ ¡Escucha!

Una de las quejas que más recibo en el consultorio (tanto de hombres como de mujeres) es que algunas personas sienten que el otro las escucha menos, después de llevar un rato en pareja. Como consecuencia aparece el silencio: quejas, miedos, sueños, proyectos, deseos... Todo se deja de hablar, porque la persona siente que será juzgada o, en el mejor de los casos, sabe que será como si a su pareja le entrara por un oído y le saliera por el otro. Al final, se convierten en seres callados en una misma casa, una misma mesa de restaurante, una misma vida... Entonces, cada quien se va aferrando a sus propias redes sociales (un lugar que hace fácil pensar que te estás comunicando con otras personas) y se cierra con quien está justo ahí, al lado de la cama. **Trata de escuchar con empatía, poniéndote en el lugar del otro: sin juzgar, sin querer dar consejos ni proponer soluciones para lo que el otro está diciendo** (porque, por lo general, cuando tratamos de aconsejar, acabamos criticando la forma en la que la persona resolvió su vida).

Recuerda: la idea es que ayudes al otro a vivir su propia esencia, sin repetir los modelos que te enseñaron sobre lo que estaba bien o mal. Tu emoción al recibir lo que la otra persona está diciendo vale mucho más que cualquier intento de solucionar la historia que te cuenta. Porque lo que uno quiere de quienes ama es solo una cosa: comprensión. Estoy seguro de que si haces eso, tu pareja se sorprenderá y se sentirá muy reconfortada y dejará de ver el acto de amar como una trampa, ¡o como una isla en un mar inmenso!

▶ **¡Sorprende!**

Una buena forma de sorprender a tu pareja es dándole regalos. Pero con calma y conteniendo el espíritu consumista, porque no hablo de comprar nada, ni mucho menos de regalar en fechas como el cumpleaños, Navidad o cualquier otra. No es necesario gastar dinero comprando algo. Dar un regalo significa compartir con la otra persona. Estoy hablando de regalos que te hacen sentir vivo y que le dan vida al alma de la otra persona, de cosas que hacen evidente tu presencia. Puede ser una nota de buenos días para tu pareja, si saliste antes de que despertara, una flor que arrancaste del jardín del edificio cuando llegaste a casa o, incluso, una foto del sándwich que (por no haber tenido tiempo para almorzar) estás comiendo parado en una cafetería. Pero, en ese caso, le mandas la foto y le dices que sería mucho mejor si estuvieras comiendo acompañado. ¿No es más ligera y agradable la relación de este modo? Apuesto a que tu cabeza ahora debe estar llena de ideas para sorprender a tu amor. Reinventa la forma de cuidar a la otra persona y de sorprenderla.

· · · · · · · · · · ·

AHORA VAMOS A DESCUBRIR CÓMO CONTINUAR CONSTRUYENDO (Y MANTENIENDO) TU VIDA AMOROSA SANA Y FELIZ DENTRO DE LA RELACIÓN. TE ESPERO EN EL PRÓXIMO CAPÍTULO PARA QUE SIGAMOS CON ESTA CHARLA.

· · · · · · · · · · ·

VAYA, ¡PARECEMOS UNA SOLA PERSONA!

"Dices no saber
lo que estuvo mal.
Y mi error fue creer
que con estar a tu lado bastaría.
Ay, ¡Dios mío! Era todo lo que yo quería.
Decía tu nombre.
No me abandones nunca".

HERBERT VIANNA, "Mi error"

SOMOS seres que no pertenecen a nada, ni a nadie. ¿Estás de acuerdo?

Bueno, si fuera tú, no estaría de acuerdo tan rápido con esta afirmación. La verdad es que no somos tan libres como nos gustaría. Y eso comienza desde muy temprano, mucho antes de que podamos darnos cuenta.

Detente a pensar. ¿Cómo llegaste a este mundo? Sí, llegaste perteneciendo al cuerpo de tu madre. Y, cuando finalmente naciste y diste tu primer grito, el médico dijo si eras niño o niña. O sea, apenas respiraste y ya pertenecías a un género. Después, vas a pertenecer a una familia, a un país, a una raza, a una religión, a una cultura... A veces, ya hasta está determinado el equipo de fútbol al que pertenecerá tu corazón, por el uniforme de bebé (con los colores del equipo de tu padre) que está clavado en la puerta de la sala de maternidad. ¿No? Bueno, más allá de si eso es justo o no, de que hayamos elegido o no, crecemos aprendiendo dónde pertenecemos en este mundo.

Los más puristas, por no decir quisquillosos, probablemente pensarán: "Eso no tiene nada que ver con pertenecer, tiene que ver con ser parte de algo". Mira, cuando utilizo la palabra pertenecer, no es en el sentido de "ser propiedad de...", sino de "estar mezclado con..." una cultura, una familia, un tipo de visión política, eso. Es información que va filtrándose, poco a poco, en la construcción de tu identidad.

"Está bien, genial, pero si eso forma parte de la existencia de todos, ¿cómo va a mejorar mis relaciones amorosas saber eso?". Volvamos de nuevo a mi consultorio. Esta vez, es una paciente que llamaremos Beatriz quien está en el diván. Una mujer que tiene cerca de 35 años, funcionaria pública federal, que ocupa un cargo importante con un excelente salario y está por celebrar cinco años de casada. El marido, solo un año mayor que ella, es un emprendedor exitoso que no renuncia a un buen asado con los amigos en casa el fin de semana. Se conocieron en una reunión, llena de vino y de quesos, en el departamento de unos amigos que tenían en común.

Hablando de ello, hago una pausa para mencionar un dato curioso: Beatriz forma parte de una estadística hecha por la Universidad de Texas que reveló que, en el 68 % de las relaciones serias, a la pareja la presentó algún conocido y que cerca del 60 % de los romances surgen en lugares donde la convivencia es más "propicia" para crear vínculos, como en el ámbito laboral, la escuela, la universidad o, incluso, en una fiesta privada. Ahora, las personas que no renuncian a las fiestas quedaron atrás: solo 10 % de las relaciones que comienzan en bares, discotecas o fiestas del estilo evolucionarán hacia algo más serio. *C'est la vie.*

Regresemos al diván. Beatriz sigue ahí. La vida de ella parece genial, ¿no? Pero llega al consultorio con una queja que no parece tener sentido frente a tantas cosas buenas que ha logrado: "No sé qué me pasa. Vivo irritada, con una impaciencia que no desaparece. A veces, me siento tan enojada que, si hubiera alguna manera de hacerlo, me alejaría de mí misma por un buen rato". Epa, ¿qué le está pasando?

Vamos a seguir escuchándola: "Tampoco entiendo cómo he podido cambiar tanto. Siempre fui una mujer alegre y decidida. Pero hoy, cuando voy a un restaurante, no logro ni elegir lo que quiero comer. Y no logro identificar nada que justifique por qué me siento así, tan malhumorada, tan amargada e indecisa, ¿sabes? Porque miro mi vida y pienso: 'Dios mío, mi vida es muy buena, mi marido y yo no tenemos ningún problema... ¿Por qué me siento así? ¿Qué está mal conmigo?' ".

La persona se esfuerza, "tiene todo" en la vida, pero vive irritada, indecisa y amargada. Puedes estar pensando que no se merece la vida que construyó, que quisieras estar en su lugar.

¿Qué está mal?

A diferencia de quien piensa que ella se queja por haber comido de más y que no se merece la vida que tiene, a mí siempre me parece extraño (incluso después de tantos años de trabajo clínico) cuando alguien me busca mientras sufre, pero al mismo tiempo dice que "tiene una vida perfecta, sin problemas". Mi extrañamiento se debe a que la mayoría de las personas solo considera que algo no va bien en sus vidas si le falta amor, dinero, o si sufre de algún engaño o de cualquier otro tipo de tragedia. Es decir, siempre es un factor externo a la persona. Cuando no encuentran esa supuesta "tragedia", piensan que el origen debe ser algún desorden en la química de su cerebro. Las personas rara vez consideran la idea de que la fuente del problema esté ligada a su subjetividad psíquica, a los conflictos que el individuo tenga consigo mismo.

Con Beatriz, la historia no era muy diferente. Siguiendo el consejo de una amiga, decidió buscar un psicólogo y me vino a ver. Porque, a pesar de tomar algunos medicamentos para dormir y otros para controlar su humor, no lograba sentirse bien y estaba decidida a probar con cualquier cosa que la ayudara a reencontrar a la persona feliz y decidida que había sido.

A medida que las sesiones avanzaban, noté que Beatriz repetía un modelo de discurso muy común: cada vez que hablaba de alguna situación de su propia vida, siempre incluía al marido usando el pronombre personal "nosotros". Rara vez la escuchaba decir "yo". Siempre era: "Nos gusta recibir amigos los sábados", "Siempre vamos al gimnasio a la misma hora", "Compartimos las playlists de Spotify", "Nos gusta ver series", "Nos encanta ir a Europa, pero no nos gusta Estados Unidos"...

¡Ajá! Beatriz no se daba cuenta de su propio error. Eran tantos "nosotros" que, en lugar de ponerse al lado de su marido en la relación, estaba completamente "mezclada" con él y no se había dado cuenta. Y en esa fusión, o confusión, nacen muchas crisis dentro de las personas y de las relaciones.

Por más que ames a alguien, nunca puedes olvidar que eres un individuo. Y perder el sentido de quién eres, aunque no lo entiendas al principio, duele mucho y te desestabiliza emocionalmente.

De tanto que nos enseñaron que pertenecemos a las cosas, los valores, los lugares, los géneros, los países y mucho más, terminamos aprendiendo también a relacionar el amor a la idea de dos que se vuelven uno. Y cuando los dos se mezclan en una relación al punto de que ninguno sabe dónde termina uno y dónde comienza el otro, eso acaba siendo algo muy negativo.

¿Sabes por qué? Porque, cuando sucede eso, la vida comienza a perder el color y muchas veces surge, aunque inconscientemente, una pregunta: "¿Vivir es solo esto?". Y aparecen la sensación de vacío, la irritabilidad, el resentimiento, la desesperanza, la inseguridad y muchos otros sentimientos que son muy tóxicos.

Y el meollo del asunto es: ¿hay vida individual cuando se está en una relación?

Para responder a esa pregunta, tienes que entender que todas las relaciones amorosas atraviesan al menos tres etapas. Por supuesto que hay parejas a las que les toma más tiempo pasar de una etapa a otra, e incluso el paso de una etapa a otra no es necesariamente definitivo. A veces se dan momentos de regresión hacia etapas anteriores, de aceleración hacia la etapa siguiente o, incluso, de estancamiento. Pensemos juntos sobre cada una de estas etapas.

❶ Fusión

Hoy en día, casi todas las relaciones comienzan con una atracción intensa y fuerte, con esa locura llena de pasión ardiente. Para los apasionados, en cada encuentro parece que los dos descubren cada vez más puntos en común y les queda todavía más claro que fueron hechos el uno para el otro.

Es en esta etapa de fusión se forma la pareja, porque es en ella que la pareja genera la complicidad que va a ser la base para el resto de la relación. Es muy importante que encuentres cosas en común con la otra persona. Ese es uno de los raros momentos de la vida en que te vas a sentir más grande que tú mismo y vas a descubrir aspectos de la vida que nunca habrías percibido solo o que tenías miedo de descubrir. En la etapa de fusión, sientes que tienes alas y descubres que eres capaz de cosas que nunca imaginaste que ibas a poder hacer. Puedes aprovechar libremente todas las sensaciones de este comienzo de la relación. Es una delicia.

Ahora, pon atención. Durante esta etapa de idealización, la identidad de uno se mezcla a veces con la del otro a tal punto de que algunas personas comienzan a dar demasiado. Y, a veces, hasta se olvidan de sí mismas.

El descuido es tan grande que hay quien incluso llega a transformar los defectos de la persona en cualidades. Voy a darte un ejemplo: una persona que es muy celosa y posesiva. Es fácil creer que esa persona es alguien que ama demasiado y que es excesivamente cuidadosa y que eso es muy tierno. Solo que no es así.

Es la fase del "1 + 1 = 1". Es decir, solo existe el "nosotros" en la relación y (aunque sea una fase natural de construcción de las relaciones) fue exactamente donde Beatriz se quedó y terminó por "perder" su propia identidad.

Lo esperado es que, después de algún tiempo, esa etapa comience a volverse un poco sofocante y suceda una de estas dos cosas: o terminan la relación o evolucionan hacia la etapa siguiente. Pero, antes de hablar de la próxima etapa, respóndeme: ¿no estarás atrapado en la idea de que "1 + 1 = 1"?

❷ Diferenciación

Después de pasar por la fusión imaginaria, van a encarar el encuentro con la realidad y con lo cotidiano. Es la tan temida rutina. Y es inevitable: esta siempre va a traer cierta dosis de decepción.

Es la época en que comienzas a decir, a pensar o a escuchar frases del tipo: "Cuando nos conocimos, no era así" (en realidad, sí era así. La otra persona es la que estaba ciega debido a la idealización). Es decir, la pareja va a comenzar a descubrir que existen diferencias. Y cada uno va a comenzar a ver la verdadera personalidad del otro. **Todas las expectativas y fantasías que tenías sobre tu amor ahora son puestas a prueba por la realidad de la intimidad. ¿Y eso es malo? Claro que no.**

Esta etapa es fundamental en la relación porque te va a permitir retomar el contacto con tu esencia, con tus intereses y con tus objetivos de vida. Es en este momento que los dos se van a permitir ser quienes son en realidad, sin negar su propia personalidad. Aquí, la ecuación del amor ya cambió: esta etapa está marcada por la idea de que "1 + 1 = 2". Es decir, lo dos entienden que no son una sola persona. Pero, aparte de eso, ambos continúan admirándose mutuamente y persiste el deseo de seguir juntos, a pesar de las diferencias. Es como unir dos piezas de un rompecabezas: fíjate que son diferentes, pero siempre tienen un punto en común en el que encajan de manera perfecta.

Lamentablemente, tengo una noticia triste para ti: ¿sabías que muchas relaciones terminan antes de pasar esta etapa? Es un hecho. ¿Sabes por qué? Porque es muy difícil aceptar vivir una relación que no sea sinónimo de unidad, que no refuerce la idea de que uno "le pertenece al otro".

Bueno, la culpa es nuevamente de esta sociedad que nos enseñó a concebir el amor de una manera un poco irreal (con el romanticismo de los cuentos de hadas). Esto hace que muchas personas crean que la pasión o "mezclarse" desde la primera etapa de la relación es la única definición verdadera del amor y que, si no es así, es porque este se terminó. Alto ahí. Vamos a expandir la mente y entender que eso está lejos de ser verdad.

A lo largo de las sesiones siguientes, Beatriz se dio cuenta de algo que para muchas personas es obvio, pero que ella no veía: su marido ideal y amado no tenía nada de perfecto. Estaba lleno de defectos y de hábitos que a ella no le gustaban, pero estaba tan mezclada con él que simplemente no se había dado cuenta. Solo así, Beatriz, finalmente, comenzó a despedirse de la fase de fusión para entrar en la fase de diferenciación. ¿Y adivinen qué pasó? Comenzó a sentirse mucho menos irritada y más lúcida a la hora de decidir lo que quería o lo que le gustaba.

Esta transición no fue fácil: al mismo tiempo que era deliciosamente liberadora, sentía miedo de perder al hombre y la relación que tanto amaba. En realidad, pensaba que diferenciarse generaría desacuerdos, que él iba a pensar que ella estaba cambiando mucho y que ya no lograría amar a esa "nueva-vieja" Beatriz que ella estaba rencontrando. Pero, con el paso de los meses, se dio cuenta de que era exactamente lo contrario: cuanto más se diferenciaba Beatriz de su marido, más ligera se sentía. La relación se fortalecía.

Sin embargo, ese cambio de fases en la relación a veces no llega al mismo tiempo para las dos personas. El marido de Beatriz ya se había diferenciado de ella y, por esa razón, podía ser comprensivo y paciente. Pero ella no: atrapada en la "fusión" de la primera etapa, se sentía irritada, confundida y cada vez más insegura de todo en la vida.

Es hora de que aprendas que está bien amar al otro, pero que tienes que vivir tus propios placeres, tener tu ocio, tener tus propias ambiciones profesionales...

Entonces, para gestionar esta etapa de la relación, tienes que entender que cada uno puede debe tener su propia rutina, en el buen sentido. La pareja también tiene que luchar por mantener una comunicación abierta, clara y eficaz. La comunicación franca y directa es el puente que va a continuar uniéndolos.

❸ Armonización

En esta nueva etapa, el amor ya no se entiende como "1 + 1 = 1", como sucedía en la etapa de la fusión, ni como "1 + 1 = 2", como en la etapa de la diferenciación. La etapa de armonización trae la comprensión de "1 + 1 = 3", o sea, tú, yo y nuestra relación.

La relación pasa a ser un tercer elemento que permite que seas realmente tú mismo, sin perderte necesariamente de la otra persona, ni en ella.

Ese tercer elemento (la relación) se va a mantener con los proyectos y los sueños en común que le darán a su amor una buena dinámica para hacerlo durar y prosperar.

Es la etapa en que el amor se vuelve más tranquilo, sereno, y en la que ustedes van a convivir bien con las diferencias del otro. Además, ustedes van a ser más fuertes para enfrentar los problemas que aparezcan y buscar caminos para superarlos de forma saludable.

Aunque en esta fase la pareja se vuelva más serena, debemos que recordar que, incluso así, existen puntos que no se deben descuidar. Uno de ellos es justamente tratar de salir de vez en cuando de la zona de confort que esta armonía genera. Por eso, siempre hay que crear nuevos proyectos y objetivos, juntos y por separado.

Es por esa falta de atención hacia la identidad propia, ilustrada por la historia de Beatriz (con su exceso de "nosotros" y su falta de "yo"), que muchas personas, después de una ruptura, tienen mucho miedo de relacionarse de nuevo. Hubo incluso una encuesta en Estados Unidos, realizada por el *Personality and Social Psychology Bulletin*, un boletín sobre la personalidad y la psicología social en castellano, en 2010, que ilustra muy bien esta situación: se escucharon durante semanas las declaraciones de personas que habían pasado por rupturas recientes. Los investigadores descubrieron que, en su mayoría, las personas (principalmente las más jóvenes) decían sentirse muy perdidas después del fin de una relación y el motivo principal era no saber cómo seguir adelante, como si existiera una dependencia química del otro.

Es decir, cuando las relaciones terminan, es común que una persona que no cuidó su propia identidad y que se quedó en el lugar de "tener al otro y ser del otro" se sienta perdida con respecto al rumbo que va a darle a su propia vida (que, finalmente, volvió a ser de ella). Si estás pasando por eso, concéntrate más que nunca en ese reencuentro con tu propia esencia, con tu identidad.

¿De qué están hechas las personas que se "fusionan"?

Pensemos juntos: si esto de "fusionarse" es una parte de las etapas de una relación, ¿por qué hay personas que quedan "atrapadas" en esa fase y no lograr liberarse de esa fusión? Porque todavía son inmaduras afectivamente y, por ello, son emocionalmente dependientes. **Es decir, es mucho más "cómodo" para algunas personas permanecer fusionadas con alguien de manera permanente que madurar.**

Es importante que no pienses que una persona es inmadura afectivamente por falta de inteligencia, sobre todo porque hay personas brillantes en términos intelectuales que destacan en su medio profesional y social, pero que, al mismo tiempo, son muy inmaduras en su forma de vivir y de expresar su afecto.

Para que puedas reflexionar con más facilidad sobre estas personas que viven dependientes y "fusionadas" a la otra cuando se enamoran, acompáñame a la sesión de un paciente que atendí hace algunos años. Luis era un joven de 16 años, atlético, y con una "presencia" envidiable. Pero, como la belleza no es suficiente, terminó viniendo a mi consultorio porque estaba pasando por un momento muy difícil en su vida emocional.

"Me considero una persona inteligente. He estudiado mucho durante toda mi vida. Me expreso bien, tengo conocimientos y habilidades como músico, porque soy pianista. Pero soy un fracaso en el aspecto amoroso. Parece que nada de lo que hago cautiva a las mujeres. En las relaciones, trato de ser el hombre ideal: un caballero correcto, fiel, romántico, dedicado, gracioso, intenso y apasionado. No sé vivir lejos de los que amo y me dedico a ellos al máximo. Pero, en lugar de atraer a las mujeres, siento que eso las aleja. Muchas incluso me han mentido, me ilusionan, me dejan de la nada y no me dan el cariño ni las respuestas que merezco. A veces, algunas me dejan en la friendzone y no es ese el lugar que creo merecer. Y cada vez que veo a mujeres en parejas felices, ellas están, principalmente, con hombres sinvergüenzas que no les dan ni un tercio de la atención que yo doy cuando estoy con alguien. Eso solo aumenta mi indignación porque no logro encontrar mi querida mitad. Necesito ser feliz y estar completo al lado de alguien que yo ame y que me ame igual".

No sé si, al leer esto, puedes darte cuenta de que Luis tiene mucha rabia, a pesar de estar sufriendo. Y esa rabia en sí misma es normal, ya que está frustrado con la situación. La cuestión está en la manera en la que esa rabia se manifiesta y la inmadurez con la que él actúa frente a esa situación. Si observamos con atención (en la cabeza de este joven) él es maravilloso, un hombre ideal y virtuoso. Y desde su punto de vista, las mujeres son las problemáticas (porque solo quieren hombres sinvergüenzas) o crueles porque "me han mentido, me ilusionan, me dejan de la nada y no me dan el cariño ni las respuestas que merezco". Sí, las personas emocionalmente inmaduras son siempre demasiado exigentes con todo el mundo y tienden a sentirse víctimas de injusticias todo el tiempo, porque el mundo debería girar alrededor de sus necesidades.

Observa que, incluso las cosas positivas, como estar en la friendzone (para mí es algo positivo que alguien me quiera como amigo, aunque no quiera ser mi pareja), las ve como algo injusto, solo porque la otra persona no está satisfaciendo lo que él esperaba. Sin darse cuenta de su propia inmadurez, Luis estaba actuando como un niño que espera que su madre cumpla todos sus deseos.

Yo sabía que (en el caso de Luis) iba a ser necesario ayudarlo a crecer y renunciar a esa ilusión de que iba a encontrar una persona con la cual fundirse, mezclarse. Porque solo existe un momento de la vida en que, en realidad, te mezclas con otra persona: cuando estás en el vientre materno. Después de que sale la cabecita al sol, se terminó. Esta relación fusionada con mamá ya no existe y no se va a encontrar en ningún otro lugar. Luis tenía que dejar de experimentar el rechazo, de las mujeres que quería, de forma tan dolorosa.

Más que eso, Luis tenía que aprender a lidiar con su propia frustración. No podía quejarse de las jóvenes que apenas estaba conociendo, ni debía esperar lo que ellas no podrían, no querían o, incluso, no tenían para dar. Eso era seguramente lo que asustaba a las mujeres y lo que, a fin de cuentas, hacía que solo lo quisieran como amigo. Después de todo, reflexiona conmigo, si te reunieras con alguien y esa persona pusiera demasiadas expectativas en ti, ¿qué harías? Saldrías corriendo o la mandarías a volar, ¿no?

Una relación en la que cualquiera de las dos partes (o ambas) no se siente libre y pierde su identidad no es una relación de amor. Es un vínculo generado solo para satisfacer una necesidad, una relación llena de inmadurez afectiva y de dependencia emocional. Y nadie merece eso. Querer compartir tu vida con alguien que amas es muy diferente a tener que hacerlo.

Después de reconocer que tenía un problema de dependencia afectiva, Luis logró, poco a poco, darse cuenta de que tenía que dejar de responsabilizar a los demás de su felicidad (o infelicidad). En las sesiones siguientes, Luis tuvo que aprender que una relación amorosa no serviría para llenar ninguna carencia emocional dentro de él. Que aunque encontrara alguien que hiciera lo imposible por verlo feliz, él continuaría sintiéndose insatisfecho, inseguro y poco amado, porque estos sentimientos tienen que ver con su historia de vida y no con lo que cualquier persona pudiera darle en una relación amorosa.

Una de las cosas que hicimos en el consultorio fue trabajar la autoestima. Él se jactaba de ser una persona inteligente, llena de cualidades, pero secretamente no se creía nada de eso. En realidad, se sentía como el último de la fila, a punto de perder su lugar. Una vez, le hice una pregunta: "Luis, si fueras una joven y te encontraras contigo en la calle, ¿te enamorarías de ti mismo?". Luis se quedó perplejo, sus ojos se llenaron de lágrimas y respondió con un hilo de voz: "No". A partir de ese día, logró hablar de su propia historia. Habló de su relación con su padre, que lo humillaba desde siempre, y de su madre (eternamente deprimida) que nunca lo protegía de las crueldades paternas. Fue, sin duda, una zambullida valiente y difícil la que comenzó a hacer dentro de sí mismo, pero fue también cuando comenzó a hacer las paces consigo mismo y a sanar las heridas del niño lastimado que cargaba.

Pasaron los meses, el trabajo continuó y Luis fue dándose cuenta de que las mujeres comenzaban a cambiar su comportamiento hacia él. Comenzaban a encontrarlo interesante y querían conversar con él, tenían deseos de conocerlo mejor. Luis se dio cuenta de que había descubierto algo (con más madurez):

que la persona más genial que podía encontrar era él mismo. Al final deseaba encontrar a alguien con tanta madurez como la suya para vivir con alegría cada una de las fases de una buena relación, sin miedo a ser rechazado.

Espero que hayas entendido de qué están hechas las personas que se "fusionan" y no logran superar esa fase. Si te das cuenta de que tu alma vive este tipo de carencia, ya es tiempo de aprender a resolver (o satisfacer) la mayoría de tus necesidades sin necesitar que el otro te salve.

Cómo no perderse a uno mismo en una relación

▶ **Conserva tu valor**

Trabajar la autoestima propia es fundamental. Genera más pensamientos buenos sobre ti mismo, asimila que tienes limitaciones, pero también logros. Cuanto menos te valores, más dificultades tendrás en tus relaciones, porque siempre te vas a sentir más sensible a las críticas, al rechazo, a tus propios errores y a lo que quieres que los otros piensen o digan de ti.

Solo cuando descubras tu valor conseguirás independencia emocional y, entonces sí, vas a comenzar a sentir que tu alegría depende de ti y no de tu relación. La dependencia afectiva no es una dependencia del otro, sino la falta de una buena relación afectiva contigo mismo.

Y una buena forma de hacer esto es cuidando de tu niño herido interior. Escucha, nadie nace con mala autoestima, eso se aprende. Es hora de tener una opinión positiva de ti y de creer que mereces que te valoren. Si durante tu infancia no fuiste amado lo suficiente, hay una gran posibilidad de que, de adulto, sigas cargando esos sentimientos de carencia.

¿Cómo cambiar esto? Voy a proponerte un ejercicio: toma una foto tuya de cuando eras niño (la que menos te guste) y pégala en algún lugar de tu cuarto. Todos los días, cuando te despiertes, mírala y pregúntate: "¿Cómo puedo amar a ese niño?". El hecho de buscar respuestas a esa pregunta hará que te tomes en serio al niño interior desvalorizado. Así es más fácil escuchar tus necesidades y hacer cosas por el adulto que eres hoy. Te garantizo que eso disminuirá las posibilidades de que te pierdas cuando estés en una relación.

▶ **Mantén los límites**
Haz una lista de todo lo que más te gusta hacer. No te olvides de incluir también las cosas que sueñas y a las que no quieres renunciar. Teniendo esto bien en claro, trata de utilizar los puntos de esa lista como una guía para los límites que establecerás con quien se relacione contigo. Si el otro tuviera la intención de cambiar esos límites, tratando de "borrar" puntos de tu lista o características de tu identidad que quieres preservar, déjaselo bien claro. Ten en mente que amar a alguien no significa anularse por esa persona. Si sientes que hay que hacer más pequeño tu mundo para caber en el del otro, es porque ese otro mundo es muy chico para ti.

Esto va para los dos: al final, el otro también tiene fronteras que no debes cruzar ni tratar de cambiar. Entonces, platiquen al respecto, pregúntale a tu amor cuáles son las cosas más importantes para él, cuánto espacio va a necesitar cada uno de ustedes, cuál es la mejor forma de señalarle al otro que traspasó el límite. Esa apertura al diálogo es fundamental.

▶ **Ten hobbies por separado**
Es obvio que en una relación te sientes bien haciendo cosas con la otra persona, porque eso es parte de vivir en pareja. Pero hay algo a lo que siempre debes dedicar una parte de tu tiempo: a aquellos

hobbies que te gustan en particular y por los cuales tu pareja no se interesa mucho. Tienes que mantener tus propios intereses, sin sentir ni una pizca de culpa, y equilibrarlos con las actividades que hacen juntos.

Como conversamos en este capítulo, cuando la relación llega a la fase de la diferenciación, descubres que los dos tienen personalidades distintas. Por ello, es natural que existan cosas que tú disfrutas y otras por las cuales la otra persona no se va a interesar de la misma manera. Por ejemplo, si a tu amor le gustan los videojuegos, puedes jugar con él. Pero no es necesario tener el mismo grado de interés, después de todo, puede parecerte que los videojuegos son poco estimulantes.

Si te das cuenta de que tu pareja trata de desalentar alguna actividad que disfrutas, ten cuidado con ese tipo de comportamiento y trata de corregirlo. Quien ama de verdad apoya las cosas que al otro le gusta hacer, en lugar de tratar de hacer las desaparecer.

▶ Conserva tu tribu

No importa si tenías a tus amistades desde antes o si se hicieron amigos durante la relación: son personas que te quieren y que apoyan tu felicidad. Recuerda: tu círculo de amistades es tu tribu, un espacio en el que ya podías ser tú, mucho antes de que comenzaras la relación, y donde las personas te aceptaban y te amaban por ello. Así, uno de los mayores errores de quien comienza una relación es dejar a los amigos de lado. Ellos son muy importantes, porque siempre va a haber algo de tu identidad que solo se refuerza cuando estás con ellos y que, generalmente, no lo lograrías estando con solamente tu pareja.

Solo debes dejar a tus amigos cuando te des cuenta de que están haciendo algo que pueda perjudicarte, aunque no consideras como una amistad a alguien con ese comportamiento, ¿verdad?

▶ Mantén la comunicación

El diálogo es muy importante, siempre. Principalmente, cuando estamos tratando de convivir con las diferencias. Entonces, es necesario ser claro todo el tiempo con las cosas que se quieren, se sienten o se piensan. Piensa en lo siguiente: al comienzo de las relaciones, pueden estar despiertos hasta la madrugada conversando. En esa época, es una delicia escucharse hablando sobre las películas que les gustan, sobre los viajes que sueñan hacer, sobre la vida ajena y así sucesivamente.

Una pista para evitar que la comunicación se pierda es la siguiente: utiliza la creatividad. Pueden generar momentos de diálogo en su rutina, por ejemplo, cuando vayan al supermercado. O invítense a tomar un café después del trabajo o, también, acostúmbrense (incluso cansados) a conversar sobre ustedes antes de dormir (y si todavía no duermen en la misma casa, internet ayuda).

••••••••••••

**AHORA QUE NO VAS A JUGAR CON QUIEN
AMAS, A FUSIONARTE O PERDERTE, ES HORA
DE CONVERSAR SOBRE... EL MATRIMONIO.
ENTONCES, SIGAMOS, QUE TE ESTOY ESPERANDO
EN EL PRÓXIMO CAPÍTULO.**

••••••••••••

DETRÁS DEL VELO: LOS MATRIMONIOS DEL PASADO Y LOS DE HOY

"Este es el secreto más profundo que nadie conoce (aquí está la raíz más profunda, y lo más íntimo del brote de la flor y el cielo más alto de un árbol llamado Vida, que crece más alto de lo que el alma pueda esperar o la mente pueda esconder).
Y esa es la maravilla que mantiene a las estrellas en sus lugares.
Llevo tu corazón (y lo traigo conmigo, en mi corazón)".

E. E. CUMMINGS, "Llevo tu corazón conmigo"

"ENTONCES, se casaron y vivieron felices para siempre".

Esa es la visión que aprendimos del matrimonio. Un aconte-cimiento romántico que establece una unión que durará eterna-mente, inmortalizada en las fotos que siempre tienen como punto central a la novia y su vestido blanco, muchas veces inspirado en el de la princesa Grace Kelly, con ese velo gigantesco de casi 20 metros que le cubría el rostro y se desparramaba por la nave central de la iglesia.

¿Y por qué te hago adoptar esa visión tan romántica? Porque parece que la mayoría de las personas piensa que el matrimo-nio siempre fue así, desde que el mundo es el mundo. Hasta las películas de Hollywood (incluso cuando retratan las bodas de la Edad Media) siguen más o menos ese formato lleno de dulzura. **Pero la verdad es que, durante mucho tiempo, el matrimonio no fue más que una negociación.** Exactamente. Podría tranquila-mente ser denominado como una "modalidad económica" sobre la cual se apoyaba buena parte de la economía de las sociedades más antiguas: sociedades que no querían ni escuchar hablar de esos "sin sentido" de los corazones apasionados. Y, claro, no es ninguna novedad que las mujeres siempre eran las más perju-dicadas. En realidad, durante mucho tiempo (mediante el ma-trimonio) fueron intercambiadas como mercancía que ligaba a familias poderosas entre sí y garantizaba la unión de las tierras, fortunas y cargos políticos.

"Ah, pero ¡eso es algo muy antiguo!". ¿Será? Es bueno recordar que, en Brasil, las mujeres apenas comenzaron a votar en 1932 (un derecho básico, ¿no crees?). Podemos incluso desplazarnos a un año más cercano, ¿qué tal 31 años después? En 1963, cuando mi madre estaba por casarse, tomó un curso sobre "cómo ser una buena esposa". Cuando hojeo las páginas escritas a mano por ella, me parece graciosa la forma en la que nuestra sociedad hizo que ella se comportara. Pero sigamos: voy a compartir unos fragmentos aquí.

"La armonía de la vida familiar es el noble papel que le compete a la mujer. [...] En el ambiente familiar, la mujer estará presente en todo: en el orden de la casa para que esté limpia y agradable cuando su marido llegue del trabajo. La mujer también será fundamental en la preparación de los alimentos y en la educación de los hijos. [...] También deberá estar arreglada y sonriente para recibir al marido y no deberá interrumpirlo mientras este habla. [...] Es necesario que la mujer deje la escuela con una perfecta comprensión de su vida futura y de su lugar en la sociedad y en el hogar".

Es así como una joven aspirante a esposa debía pensar en los años sesenta. "¿Y eso qué tiene que ver con los matrimonios actuales?". Muchas cosas, de hecho, han cambiado en el matrimonio y en las relaciones amorosas. Hoy en día, una mujer puede enamorarse de quien quiera, casarse cuando lo considere y tener sexo cuando le parezca.

Si menciono aquí hechos de la historia es porque necesito que entiendas que muchos de los problemas que enfrentan los matrimonios en la actualidad tienen sus raíces en un pasado no tan distante, lleno de valores y formas de actuar que la sociedad todavía hace que carguemos en nuestro inconsciente.

Por ejemplo, no podemos negar que muchos hombres todavía reproducen comportamientos y formas de hablar como si fueran los "dueños" de sus compañeras. Si no, que Maria Penha lo diga, quien tuvo que ser mutilada para que una ley de protección de las mujeres, con su nombre, fuera promulgada (detalle: esto fue en 2016, muy reciente, ¿no?).

Claro que no todos los problemas de los matrimonios del presente tendrán eco en el pasado, pero si no podemos mirar hacia los recuerdos que heredamos de nuestra sociedad, seremos incapaces de construir un presente mejor con quien amamos.

Vamos a acompañar el caso de una joven que vino a buscarme decidida a pedir el divorcio. Ella quería que yo la ayudara a lidiar mejor con ese momento de la vida. "¿Hace cuánto tiempo están casados?", pregunté. ¿Tres años? ¿Cinco años? Nada de eso. Apenas siete meses. Debes pensar: "¿Y ya? Siete meses son para que todavía estuvieran viviendo la etapa de la luna de miel. ¿Qué fue lo que no funcionó?".

Buenos, vamos a llamar a la paciente Elisa y a su marido, Ricardo. Ella, con una mezcla de tristeza e irritación, me contó lo siguiente.

> "Solo no aguanto más. Amo a Ricardo, pero para mí ya fue. Estamos comenzando nuestra vida juntos y vivimos en un departamento

pequeño. Y aunque nuestra convivencia siempre fue muy tranquila, porque somos muy compatibles, con el paso de los meses me di cuenta de algo que me molesta bastante. Ricardo siempre deja su ropa y sus zapatos tirados por toda la casa. Al principio, le pedí que los guardara y lo hacía de inmediato. Después, cuando me quejaba, decía que "ya, ya los iba a guardar" y la ropa continuaba ahí al día siguiente. Como vi que no era la solución seguir quejándome, yo comencé a recoger sus cosas. Solo que, entonces, llego cansada del trabajo y quiero encontrar la casa ordenada y acogedora. Dios mío... somos solo nosotros dos, ¿qué le cuesta? No me casé para vivir peleando, pero vivir en medio de un desorden sin fin me está dejando extremadamente estresada".

Síntomas y causas

Tal vez te parezca que Elisa se precipita al pensar en el divorcio por "tan poco". Pero entiende su queja (y muchas veces las tuyas sobre tu propia relación) de la siguiente forma: cuando tenemos fiebre, queremos que pase. Pero la fiebre no es el problema, es tan solo un síntoma que alerta sobre una infección. Entonces, en el caso de Elisa y Ricardo, dejar la ropa y los zapatos tirados por la casa es solo un síntoma de otra cosa que estaba fuera de lugar en la relación.

Lo que estaba en juego eran los papeles establecidos en el matrimonio. Aunque ambos eran jóvenes, trabajaban y tenían una visión del mundo en que los hombres y las mujeres son iguales y tienen los mismos derechos, Elisa se dio cuenta de que Ricardo vivía con sus padres antes de irse a vivir juntos. Y su madre siempre se ocupaba de sus cosas. Entonces, él nunca tuvo que preocuparse por ordenar la casa, porque siempre estaba su madre para guardar sus cosas y dejar todo en orden. A lo largo de las sesiones, Elisa se fue dando cuenta de que, aunque se dividían las tareas y las cuentas de la casa entre los dos, sentía como si él quisiera transferirle a ella el comportamiento de su madre dentro de la dinámica del matrimonio. Aunque eso jamás se había conversado, parecía que él había establecido algunos papeles para ella dentro del matrimonio y, para evitar discusiones, ella terminó aceptándolos inconscientemente.

Fue algo sorprendente para ella cuando se dio cuenta de que, en el matrimonio de sus padres, había pasado por algo semejante. Elisa se acordó de que su madre vivía "provocando" al marido porque este dejaba el piso del baño todo mojado y la toalla encima de la cama. Y, por más que ella le pidiera que, por favor, fuera más cuidadoso, la situación se repetía con frecuencia.

Ahora, respóndeme: ¿cuántas cosas le pides a tu marido o a tu novio con esa extraña sensación de estar pidiendo un favor? Y tú, ¿cuántas cosas esperas que tu esposa o novia haga porque es natural que a toda mujer le guste, quiera hacerlo o le parezca divertido?

Por más que pensemos que ya evolucionamos mucho en la igualdad de los derechos entre los hombres y las mujeres, la desigualdad está tan arraigada en nuestra sociedad que puedo dar un ejemplo muy claro: si un niño (o una niña) está enfermo, es mucho más simple que la mujer pida el día libre del trabajo para cuidarlo. Porque se espera que ella cuide a la criatura. Si un hombre dice que necesita faltar al trabajo porque el hijo se enfermó, es muy probable que el primer cuestionamiento del jefe o del de recursos humanos sea: "¿Y la madre?", de nuevo, como si el hecho de que un padre cuide del hijo fuera una "obligación" materna.

Automatización de las relaciones

Apuesto a que, si eres honesto, te darás cuenta de que muchas fallas de comunicación y hasta las peleas que se dan en tu matrimonio son por el simple motivo de que ustedes están en el modo "automático", donde es natural que sea así. Solo que no lo es. Fue al romper esa automatización que Elisa descubrió (durante una sesión de terapia) una salida muy práctica a este estancamiento: simplemente dejó de guardar las cosas que su marido dejaba tiradas. Bastaron dos días para que cierta mañana Ricardo (ya atrasado para una reunión) "explotara" porque no encontraba una camisa que necesitaba. Elisa respondió de manera clara: "Tu ropa está donde la dejaste, Ricardo, tirada por toda la casa". Elisa dejó que Ricardo fuera víctima de su propio desorden.

Fue una actitud simple, pero que abrió una nueva perspectiva para esta pareja. Él al fin logró entender que la vida de casado no era una continuación de la vida en la casa de su mamá. A partir de entonces, se asumió una nueva dinámica tanto en el diálogo (no más peleas), como en la flexibilización de los papeles en el matrimonio.

Es muy probable que la ropa en la casa de ellos ahora esté dentro de los cajones. Pero estoy seguro de que, si reflexionas sobre este ejemplo, va a encajar en diferentes situaciones del día a día de tu relación.

Recuerda que la dinámica de tu matrimonio no es, y no debe ser, exactamente igual a la del matrimonio de tus padres, ni de tus abuelos ni de tus antepasados. Tampoco compares tu relación con la de otras parejas. A la hora de definir las reglas del matrimonio de ustedes, háganlo de manera que ambos piensen que serán más felices.

Otros problemas frecuentes en el matrimonio

Aunque cuando la gente escucha la palabra "matrimonio" piensa con frecuencia en frases como "felices para siempre" o "hasta que la muerte los separe", sabemos que es común que haya cosas que ajustar, así como en el caso de Elisa y Ricardo. La mayoría de estos ajustes son muy fáciles de resolver para algunas parejas, pero para otras pueden significar el comienzo del camino que lleva al final de la relación.

Entonces, voy a enlistar aquí cuáles son los problemas más comunes que escucho de mis pacientes. Y ni siquiera se relaciona todo con la forma en la que eran los matrimonios del pasado, por suerte. Por lo mientras, voy a insistir: presta atención, para analizar si tu forma de reaccionar a algunos problemas de relaciones de hoy, o de sentirlos, no tiene que ver con los "vocabularios emocionales" que traes del pasado. Vamos a la lista.

❶ Diferencia de edad

Cuando diseñas en tu cabeza una imagen de un "matrimonio de antes", ¿cuál te imaginas que era la edad de los novios? La costumbre era que detrás del velo de novia hubiera un muchacha más joven que el novio, que en general era un poco más viejo (o mucho más viejo). Tienes que aceptar que una novia de 30 años casándose con un joven de 20 años no era algo que (hasta hace poco tiempo) se viera mucho. Pero ese modelo se volvió más democrático dentro del matrimonio.

¡Y eso está muy bien! En la actualidad, cuando una persona es más grande que tú, te da esa sensación de estar relacionándote con alguien más maduro, que sabe lo que quiere de la vida, mucho más resuelto, experimentado... Y cuando se trata de alguien más joven, puedes sentir como si te diera una inyección de juventud, parece que tienes más energía, que el mundo es una fiesta. Es así... pero no todo es color de rosa. Esa flexibilidad en el modelo trae también algunos conflictos.

Hay una investigación hecha por la Universidad de Emory en Atlanta, Estados Unidos, que recopiló diversos factores que podían estimar la duración de un matrimonio. Entre los puntos observados, estaba la diferencia de edad. Los datos revelaron que las parejas que se llevan cinco años de diferencia, tienen 18 % más de posibilidades de fracasar que las de la misma edad. Y si la diferencia fuera de 10 años, las probabilidades de separación suben a 39 %. Y con una diferencia de edad de 20 años, hay probabilidades de separación del 95 %. Los investigadores creen que uno o dos años de diferencia son lo ideal, con una probabilidad de divorcio mucho menor al 3 %. Entonces, (según los estudiosos) cuanto mayor sea la diferencia de edad entre las parejas, mayor es la probabilidad de que la relación se vaya al diablo.

Son tan solo números, claro, y puedes, y debes, involucrarte con quien quieras independientemente de la diferencia de edad. Lo que quiero que tomes en cuenta a la hora de considerar un posible matrimonio es que (si es con alguien mucho más grande o mucho más joven) es bueno tener claridad sobre ciertos aspectos para evitar conflictos y aumentar las probabilidades de que la unión entre ustedes se dé bien, y así ir contra las estadísticas.

Por ejemplo, tendrán que entender y respetar el ritmo de cada uno. Mientras que uno puede salir a bailar con los amigos (hacer planes más agitados), el otro puede ya no tener tanto interés por ese tipo de actividades, o tal vez, prefiera algo más tranquilo. "Y de casualidad, ¿no existen diferencias de ritmo entre personas de edades más cercanas?". Claro que existen, pero, con décadas de diferencia, el desajuste normalmente es más perceptible.

Otra cuestión es la visión que cada uno tenga de la vida. Pregúntense cosas como: cuáles son las metas de ambos a futuro, dónde quieren vivir, cómo se imaginan esa relación. Hagan esas y muchas otras reflexiones, de forma clara, honesta y en conjunto. No finjan que tienen la misma edad, no hagan como si esos detalles no tuvieran que ser conversados.

También tengan en mente que no importa la edad, uno siempre va a tener que aprender con el otro. Entonces, no permitas que la diferencia de edad genere algún tipo de desigualdad de poder en la relación. La dinámica en la relación tiene que ser igualitaria y uno de los miembros no va a sentir más o menos que el otro porque es más grande o más joven. Entonces, nada de pensar que tu amor está "pasado de moda" o (si fueras la persona más grande) nada de querer corregir la falta de experiencia del otro todo el tiempo. Eso termina enfriando la relación. Y solo recuerda que el papel de ustedes es el de esposo o esposa. El papel de padre o de madre solo aplica si tienen hijos.

❷ Uso excesivo de la tecnología

Vamos, dime si has ido a un café o a un restaurante y te has fijado en las parejas que no se hablan o no disfrutan del momento porque están, cada quien, con un celular en la mano. Juntos, pero al mismo tiempo muy distantes, están encerrados en sus burbujas particulares creadas por los smartphones.

Me acuerdo de un paciente que una vez me contó una experiencia que lo hizo reflexionar sobre su vida de casado: "Toda la familia estaba en una parrillada para celebrar la visita de mi abuelo a Río de Janeiro. Hacía cuatro años que no nos visitaba. Pero todos en la mesa nos quedamos perplejos cuando él, de la nada, se levantó y dijo: 'Me voy'. Pensamos que se sentía mal, pero entonces vino la explicación: 'Llevo como diez minutos aquí y nadie suelta esa m*** de celular, no tengo nada que hacer aquí'. Solo logramos convencerlo de quedarse después de que guardamos los celulares. Esa situación me hizo ver con otros ojos las peleas que tenía cada vez que mi esposa se quejaba de que yo pasaba mucho tiempo en internet".

La obsesión con las redes sociales puede poner en riesgo cualquier matrimonio o cualquier almuerzo con el abuelo. Es mejor repensar el espacio que la tecnología tiene en tu relación y cuestionarte si está obstaculizando la comunicación, la complicidad y el compañerismo con tu pareja.

Un buen ejercicio es el siguiente: siempre que salgas con quien te gusta (esto es válido también para los amigos) apilen los teléfonos sobre la mesa y acuerden que quien agarre primero el teléfono, aunque sea para responder un simple mensaje, paga la cuenta.

Esta es una estrategia que suele funcionar, porque todos saben que si alguien rompe la regla, quienes están en la mesa pedirán las bebidas y los platos más caros. Imagina si vas a perderte la oportunidad de pedir ese vino fantástico, que apenas puedes pagar. Yo lo pediría con una gran sonrisa.

❸ Intimidad financiera

A partir del momento en que ustedes se casan, la vida financiera de ustedes dos está amarrada, lo quieras o no. Y eso es algo bueno: después de todo, podrán contar el uno con el otro en la construcción de nuevos proyectos que involucren dinero (como la compra o remodelación de una propiedad o de un auto más grande para cuando la familia crezca).

El problema es que muchas parejas tienen distintas visiones sobre el dinero y no quieren discutir el tema. Por eso, los gastos, o la forma en la que el dinero de la familia se utiliza, son una de las causas más comunes de discusión entre las parejas. Cada vez más, las parejas se ven obligadas a sumar lo que ganan para tener mejor calidad de vida juntos, sobre todo si tienen hijos. Y en ese momento se erige una gran muralla: "Es mi dinero y lo uso como quiero, o usa lo tuyo como consideres que debes hacerlo". Calma. Detente, porque ya es hora de que crezcas y entiendas que el dinero es de la familia y ustedes deben tener intimidad financiera. Si no les gusta la idea, no se casen: pero, si se casan, sepan que van a tener que negociar los hábitos de consumo (aquello a lo que pueden renunciar cuando la situación se complique y cuáles son sus prioridades de consumo).

Por ello, rompe el tabú de que no se puede conversar sobre el dinero ("porque, ay, Dios mío, eso va a herir la privacidad del otro") y decidan juntos qué gastos pueden asumir realmente. Trabaja para generar un diálogo abierto y no tengas recelo de conversar sobre cuánto dinero y cuántas deudas tiene la familia: dónde se pueden invertir los recursos disponibles, cuánto dinero está entrando, cuánto está saliendo y cuáles son las metas que ustedes pueden fijarse en conjunto.

Pero recuerda que <u>la conversación debe ser menos sobre el dinero en sí mismo y más sobre los valores, hábitos y frustraciones personales de cada uno.</u> Porque lo que está en juego, cuando se trata de dinero dentro de un matrimonio, es el poder. Poder no solo en el sentido económico, sino también en el sentido psicológico. Y todo esto tiene que ver con... la caca. Sí, no leíste mal. Precisamente la caca.

Freud, el padre del psicoanálisis, explica que el niño entre los 2 y los 4 años (de forma inconsciente, claro) establece una relación simbólica entre la caca y el dinero y el poder. Voy a hablar sobre esta relación simplificando mucho lo que Freud denominó como la "fase anal", en la cual la caca representa la primera noción de un "regalo" que el niño puede dar a su madre.

Es una primera forma de intercambio, de decir: "Tengo algo mío para ti". Un "regalo" que, si estuviera enojado o frustrado por algún comportamiento de ella, puede "retener" y puede hacer que la madre enloquezca porque hace cuatro días que el niño no hace caca. Para Freud, muchos problemas con el dinero, como la avaricia, por ejemplo, vienen precisamente de esa etapa de la infancia.

Hagamos una pausa para que te cuente algo interesante: ¿cuál es la palabra que utilizas cuando estás muy enojado? Dices que la persona está llena de mierda. Entonces, cuando se trata de finanzas, cuidado con usar el dinero como arma, castigo o represalia solo porque estás enojado con tu esposa o tu marido, porque eso va a hacer que el matrimonio se vuelva una mierda.

Y con ello no estoy diciendo que cada uno no tendrá su individualidad financiera. Sí, ustedes pueden gastar lo que quieran (a fin de cuentas, trabajan para ello), pero cada uno puede gastar lo que sobró después de que las prioridades de la pareja o de la familia se hayan pagado. Si no sobra nada, o piensan juntos en otra forma de ganar más dinero o no gastan lo que no tienen. Lo que no funciona es irse al bar o comprarse ropa nueva con el dinero para pagar el departamento.

Si estás gastando lo que no tienes, pide ayuda a tu cónyuge. Porque muchas veces eso puede ser una forma de aliviar una depresión que está comenzando o un intento de atenuar una gran tristeza, un luto, una creencia o una herida del pasado que no puedes superar solo.

No soy analista financiero, pero creo que una fórmula que puede funcionar es que la pareja logre tener un fondo en común (para el cual cada uno puede contribuir en proporción a lo que gane) y una reserva individual (con una cantidad destinada a los gastos personales).

La pareja también puede llegar a un acuerdo y decidir quién será responsable de asumir este o aquel pago. Entonces, con mucho diálogo, es posible llegar a una fórmula que funcione bien para los dos. Después de todo el dinero es de la familia, aunque uno tenga un salario más alto que el otro. Es bueno que se entienda que cuando no se paga la factura de la electricidad los dos van a quedarse sin luz y tendrán mucha ropa sucia que lavar.

❹ Cuando los miembros de la pareja se vuelven desconocidos

Cuando conocemos a alguien y nos enamoramos, es común el deseo de pasar horas conversando sobre todo. Los fines de semana parecen muy cortos cuando se está en esa fase de las curiosidades, de disfrutar lo que se está descubriendo sobre el otro. Con el paso del tiempo, ese compañerismo del comienzo del noviazgo va desapareciendo poco a poco y el paso de los años puede extinguir el deseo de continuar descubriendo al otro. Muchas parejas creen que mantienen un diálogo, pero en realidad lo han reducido a compartir información sobre los problemas domésticos. Eso sin contar algunos casos más tensos, cuando la cosa es todavía peor y el diálogo se vuelve más agresivo (agresividad que no adopta necesariamente la forma de groserías o gritos). A veces, es la agresión de la no comprensión, de no escuchar al otro, del silencio indiferente o de verdades dichas de cualquier modo, sin importar si van a lastimar o no a quien está del otro lado.

Entonces, redescúbranse. Vuelvan a ser compañeros y quítense la capa de desconocidos que se pusieron. Eso significa indicarle a la otra persona tu deseo de reencontrarse, con una relación de intercambio y diálogo afectuoso y cálido.

Con el paso del tiempo, cambian nuestros cuerpos, gustos, modos, temperamentos, sueños... Pero date cuenta de que es fundamental que traten de descubrir esas "novedades" el uno del otro. Porque el matrimonio solo va a funcionar si entiendes que necesitan seducirse mutuamente cada día, más allá del tiempo que lleven juntos.

Y cuando hablo de seducir, no estoy hablando de usar ropa íntima más provocativa o de disfrazarse de policía. Tampoco se trata de la apariencia. Hablo de valorar diariamente a la persona que está a tu lado con gestos que escapan del modelo de beso automático de buen día (si es que todavía existe en tu vida). Una buena manera de poner eso en práctica es haciéndose preguntas uno al otro. Ve más allá de: "¿Cómo fue tu día?", que es una pregunta que ya viene con una respuesta: "Estuvo bien..." (en general seguida de un silencio). Haz preguntas cuyas respuestas no se puedan reducir a "sí", "no", "normal", "bien". Utiliza la creatividad y vuelve a interesarte de verdad por la vida de la persona con la que te casaste.

Solo no confundas el interés por la vida del otro con querer saber todo de su vida. Que tu discurso no se vuelva persecutorio, como si fueras un detective. Habla de la relación entre ustedes, de lo que te molesta, de los sentimientos y, sobre todo, de cómo mejorar su comunicación. Sin embargo, es necesario distinguir entre el diálogo saludable e interesado y la invasión de la privacidad.

Otro tema que puede empezar a transformar a los miembros de la pareja en dos extraños sucede cuando uno, o ambos, comienza a tener ganas de emprender nuevos proyectos o seguir otros sueños.

Entonces, hay que prestar atención: cuando uno de los dos comienza a querer hacer planes de vida y el otro se da cuenta de que se están distanciando debido a ello, es hora de conversar al respecto. Lo ideal es que hagan planes juntos (y, claro, eso no impide la construcción de proyectos personales por separado). Lo que digo aquí es que, incluso en esos planes particulares que desees poner en práctica, es fundamental buscar el apoyo y la participación (aunque sea como interlocutor) de tu cónyuge, siempre.

Entonces, si empiezas a sentir que ustedes se han vuelto dos desconocidos en el matrimonio, es hora de revisar cómo andan las bases sobre las cuales construyeron la relación y fortificarlas para que puedan evolucionar y volver a consolidarse como pareja. La vida en pareja nunca va a ser un lago tranquilo. Y eso es bueno, porque las relaciones necesitan siempre estar reinventándose, reestructurándose, alimentándose de los deseos, insatisfacciones (que van surgiendo dentro de cada uno a lo largo de la vida) y preocupaciones (que harán que la relación parezca un mar con olas que revuelven todo dentro de nosotros).

⑤ Cuando llega el primer hijo

La llegada del primer hijo al matrimonio se considera, casi siempre, algo positivo. Pero de lo que muchos padres (principalmente primerizos) no se dan cuenta es que terminan dejando en segundo plano su vida de la pareja. En realidad, muchos miembros de parejas parecen desaparecer como hombre o mujer y comienzan a existir solo como cuidadores de un recién nacido. Entonces, aparecen dos personas que se han olvidado de sí mismas y del amor que tenían la una por la otra. Como si eso no fuera suficiente, todavía tienen que ayudar a un bebé a desarrollarse. En este escenario, no tarda mucho para que la pareja comience a proyectar uno en el otro sentimientos feos y ambos comiencen a no entenderse. Antes de que se den cuenta, la maternidad y la paternidad acaparan todo el tiempo y el espacio dentro de la relación y aquellos momentos de intercambio y distensión tan importantes comienzan a ser cada vez más escasos. ¿El resultado? Acaba en sufrimiento conyugal, por supuesto.

Pero ¿por qué algunas parejas pasan por este tipo de problemática que acabo de describir? De nuevo, te invito a buscar las pistas a esta respuesta en mi consultorio. Esta vez llamaremos a la paciente Alaíde.

A los ocho meses de haber sido madre, Alaíde regresó a las sesiones de psicoterapia conmigo. Una madre afligida, dividida y confundida entre dos sentimientos tan diferentes que me dijo entre lágrimas:

"Mi pequeño debería ser una fuente de alegría, de paz y de amor. Solo que, desde que nació, mi vida y la de mi marido se convirtieron en un infierno. Que Dios me perdone por decir esto, pero es así como me siento... Amo mucho a mi niño, sé que representa una responsabilidad sagrada, un deber que no admite errores ni medias tintas en la forma de desempeñarlo. Pero sucede que estoy enloqueciendo al tratar de lidiar con otro ser humano que nació sin un manual de instrucciones".

De hecho, el ser humano no tiene una guía del usuario y Alaíde recurrió a quien ya había pasado por la misma experiencia: su madre. Mientras escuchaba el discurso de su madre, con el celular en la mano, buscaba en internet qué diablos eran los pañaleros. Se sorprendía de los textiles recomendados para vestir a los bebés y, según leyó, las telas de algodón eran bastante cómodas para el bebé. A Alaíde le pareció extraño que su madre aprobara que el bebé recibiera el primer chupón en la guardería, ya que, durante un curso prenatal que tomó, conversó con un odontopediatra que había recomendado sucintamente no utilizar chupón.

"El primer baño fue un desastre, porque mi madre decía que solo podía limpiar al bebé con pañuelos húmedos y que solo debía darle un baño propiamente dicho (de esos con agua y jabón) después de que se le cayera el ombligo", contó. Hubo discusión incluso acerca de la alimentación: "Mi madre decía que el pecho solo no era suficiente, que tenía que darle puré de fruta y té para los cólicos. Al final, acepté todo, porque si discutía, el argumento de ella era simple y directo: 'Confía en mí, tuve tres' ". Entonces, era prácticamente imposible no ceder.

Sin ese "manual de instrucciones", Alaíde tuvo que tomar las referencias de las crianzas del pasado. Como consecuencia, creía que era un fracaso como madre, creía que no sabía hacer nada bien y eso le generó una dependencia extrema hacia su madre. Así, terminó olvidándose de que ella también era una mujer, casada, romántica y enamorada de su marido. Y el marido, también sin experiencia, se embarcó en ese viaje.

Lo que la pareja no había notado era que los tiempos, los matrimonios y las familias habían cambiado, y que ambos podrían (y deberían) haber elaborado su propio "manual de instrucciones" acerca de cómo criar a su bebé. Después de todo, hoy en día las relaciones entre padres e hijos son más fluidas, los padres necesitan tener momentos solo para ellos, y ellos podrían intentar criar al hijo de la forma en que mejor lo entiendan, sin temor a equivocarse. **Porque, sí, todo padre y toda madre se equivoca mucho, y eso no es el fin del mundo: es apenas el comienzo de un largo viaje entre padres e hijos.** No pasó mucho tiempo antes de que Alaíde se diera cuenta de que su madre también era abuela primeriza y que, por más que hubiera pasado por la experiencia de la maternidad y tuviera la mejor de las intenciones, ser abuela es otra función, otra historia.

Alaíde continuó aceptando la ayuda de su madre, pero comenzó a filtrar las recomendaciones que le daba y estableció un diálogo más franco y abierto con su marido sobre la crianza del bebé y sobre la vida de ellos dos (después de todo, ellos necesitaban tener una). Con el paso de las semanas, ambos ya se sentían más en paz en el matrimonio y con la crianza del pequeño. En las sesiones siguientes, Alaíde y yo rescatamos juntos la confianza en sí misma. Se volvió más tranquila cuando tuvo la libertad de volverse a sentir la mujer independiente que parecía haberse perdido después de la maternidad.

Poco a poco, ella y su marido se dieron cuenta de que eran padres perfectamente capaces de criar a un bebé por sí solos. Fue a partir del momento en que descubrieron la necesidad de quitar el velo del pasado para vivir las diferencias generacionales, se distanciaron cada vez más de los modelos de los abuelos y encontraron los suyos.

Nuevamente, volvemos a un punto del que ya hablé en este libro: hay que aceptarse como se es y conocer los propios límites y dificultades a la hora de ser padre y madre. Es muy estructurante cuando esas imposibilidades son tuyas (y no de los otros o de generaciones pasadas). Otros incluso pueden darles consejos, pero nunca determinar el mejor modo en que ustedes viven la maternidad, la paternidad o incluso el matrimonio.

Y si ya pasaste por la experiencia de la maternidad, cuando tu primer hijo llegó, ¿supiste hacer las cosas con tu pareja a su modo o se perdieron uno del otro por sentirse obligados a seguir manuales que decían cómo debían hacer las cosas? Cuidado, porque eso no sucede solo cuando estamos hablando de tener hijos, sino en muchas otras áreas de la vida.

Comunicación: el gran secreto

¿Ya te percataste de que todos los casos sobre los que hemos conversado se resolvieron con diálogo? Así es, pero, lamentablemente por la experiencia de mi consultorio, puedo garantizar que: la mayoría de las parejas no hace eso del modo correcto o, simplemente, no dialoga. **Es necesario que aprendas algo: los problemas en una relación de dos raramente suceden debido a las cosas que hablamos, sino por las cosas que callamos.** Lo que no se dice siempre es el veneno más tóxico en los vínculos afectivos.

Mantener la comunicación en la relación es algo fundamental y liberador. Reconozco (y lamento) que nuestra sociedad eduque a las mujeres para tener una escucha y una conversación afectiva más activa desde niñas, mientras que desalienta a los hombres de exponer sus sentimientos y afectos más sutiles: la agresividad se puede mostrar, las lágrimas jamás. Estoy seguro de que ya escuchaste alguna vez que "los hombres no lloran".

Incluso con esas diferencias educativas, una buena comunicación entre hombres y mujeres es posible. Sin embargo, comunicarse no es solo sentarse uno frente el otro y comenzar a decir lo que te viene a la cabeza (eso lo dejas para tu terapia).

¿Qué tal si vemos algunas sugerencias para que la comunicación entre ustedes comience a funcionar como un reloj suizo? Veamos.

▶ Habla de ti, nunca del otro

Existen siempre dos formas de comenzar una conversación: o hablas de ti o hablas del otro. Cuando comienzas un diálogo hablando del otro, ese otro se sentirá atacado. ¿El resultado? O responde con un ataque (y comienzan a discutir) o trata de huir (y ustedes acaban discutiendo) o, también, puede hacerse el muerto (y discuten). Es decir: van a discutir. Pero ¿cómo es eso de hablar de ti y no del otro?

Si comienzas diciendo: "Hiciste eso, no deberías haber hecho aquello". En ese momento, estás hablando del otro o de cómo ese otro debe comportarse. ¿Te das cuenta? Si sustituyes esa forma, colocando el foco en ti, esa misma frase quedaría más o menos así: "Me pongo triste cuando haces eso en lugar de aquello otro" o "Cuando haces eso, me siento herido, o enojado, o se me quitan las ganas de estar cerca de ti...". Así, el discurso está dirigido hacia tus sentimientos, no a un ataque al otro.

Esto puede parecer tonto, pero no lo es. Hablar del otro solo sirve para desgastar la relación. Pero, si elijo hablar sobre mí y sobre cómo me siento frente a las acciones de ese otro, aumentan bastante las probabilidades de que me escuche y de que la puerta del verdadero diálogo se abra.

Se vale recordar que esto es un ejercicio y que el resultado solo será eficaz con la repetición. Es decir, tu cambio de actitud al hablar va a tener un impacto sobre el otro, claro, pero tal vez no sea ni en la primera ni en la segunda vez.

Debes ser fuerte y resistir la tentación de contraatacar; si eres consistente y sigues comunicándote de forma diferente, el comportamiento del otro en relación a ti, en algún momento, también va a cambiar.

Ninguno es vidente

Otra cosa a la hora de comunicarte con quien amas es dejar de tratar de leer su mente. Si quieres un respuesta, pregunta. Pero, por supuesto, pregunta de buena manera y con educación, nunca con acusaciones. Por más que creas saber la respuesta, practica la "desinformación" en tu relación y no deduzcas lo que el otro quiere decir, ni trates de suponer que entiende lo que sientes. Piensa que, así como tú, el otro tampoco es capaz de leer la mente.

Entonces nada de: "Es obvio que no me gusta eso", "Es obvio que eso me irrita...", y así sucesivamente. Porque cuando hablas o piensas que: "Es obvio...", lo único que realmente es obvio es tu error. Después de todo, si fuera así de elemental para la otra persona, ustedes no estarían teniendo problemas.

Por eso, ¿qué tal si imaginas que la otra persona siempre está tratando de hacerte feliz y de ser feliz a tu lado aunque no logre acertar todo el tiempo? Si no crees que las actitudes de quien amas tienen la finalidad de la felicidad de la pareja, no tendría ningún sentido seguir juntos, ¿no?

▶ **Practica la aceptación**

Muchas personas creen que disculpar ciertas fallas del otro hace que la persona amada se conforme y no mejore como ser humano. Pero eso no es verdad: quien nunca hace concesiones se queda en una posición arrogante, de superioridad, y eso solo va a disminuir la complicidad entre ustedes. Entonces, ten en mente que dejar pasar pequeñas manías o malos hábitos de quien amas es una forma inteligente de aumentar el amor de pareja.

Después de todo, no tiene sentido poner en el alma del otro más de lo que cabe ahí, porque va a "explotar". Claro que, con tiempo y paciencia, quien amas va cediendo, cambiando y siendo capaz de desarrollar nuevas formas de ser. Sobre todo, porque piensa que también existen cosas en tu comportamiento que tampoco consigues cambiar y todavía vas a necesitar algún tiempo hasta que tus espacios interiores estén "elastizados" y listos para una transformación, ¿no?

▶ **Aprende a escuchar**

Para que la comunicación se dé de forma eficaz, es tan importante decir lo que se piensa como desarrollar el interés de escuchar. Eso se puede mejorar con el simple acto de mantener el contacto visual siempre. No subestimes el poder de mirarse a los ojos, que es muy cordial y puede hacer que el otro sienta que lo entiendes. Hoy en día, con tantas distracciones, el simple hecho de que mires al otro mientras habla hace que la persona se sienta especial.

Entonces, nada de distraerte con tus pensamientos mientras el otro está hablando. Si estás en un lugar público, trata de no desviar los ojos hacia las cosas que están a tu alrededor. El celular, entonces, ni se te ocurra. Ya conversamos sobre eso.

Sé capaz de prestar oído atento y abierto a la persona que amas. Basta de ese hábito que muchas personas tienen de interrumpir el pensamiento del otro insertando el suyo. Recuerda que todos somos inseguros. Entonces, si quieres que el amor y su relación se vuelvan cada vez más fuertes, acaricia el ego de quien amas con pequeños gestos de atención y escucha verdadera. Sé que a veces escuchar los dolores, miedos, enojos o incertidumbres del otro puede ser algo muy perturbador o incómodo. Pero trata, en la medida de lo posible, de ofrecer una escucha de calidad. "Ah, pero no sé qué decir". No necesitas decir nada, basta con darle al otro la seguridad de que estás a su lado, de que no está solo.

▶ **Ten expectativas, pero enfrenta las frustraciones como un adulto**

El matrimonio es exactamente todo y al mismo tiempo nada de lo que esperabas. Me explico: lamentablemente, nos han socializado para creer en relaciones de cuentos de hadas y, hasta la edad adulta, podemos seguir teniendo algunas expectativas falsas sobre la realidad. Tenemos que reconocer que el matrimonio es lindo, pero está lejos de ser algo fácil o perfecto. Una buena comunicación va a ayudarte a tener expectativas más realistas y, a fin de cuentas, vas a aprender que todos somos muchos al mismo tiempo: somos príncipes y, al mismo tiempo, brujos, hadas y también hechiceras. Y, sí, puedes y debes dialogar con la diversidad que existe en el alma de quien amas. El otro no nació para atender el 100 % de tus expectativas ni viceversa, pero se pueden amar de todas maneras. Después de todo, el amor también está hecho de frustración.

▶ **Conserva la conexión**

La buena comunicación en una pareja no tiene que pasar necesariamente por la palabra hablada. Te puedes comunicar a través de notitas escondidas en las cosas del otro (dejando tu presencia, incluso en la ausencia), o con un mensaje a mediodía, solo para decir algo "tonto" como: "Te amo mucho".

¿Ya te pusiste a pensar en lo fácil que es para muchas parejas señalar los defectos del otro o demostrar cuando están molestos? Ahora bien, ¿qué tal entrenarse en lo contrario y agregar en tu dieta de las "buenas comunicaciones" al menos un elogio por día, dirigido a quien elegiste amar? Te garantizo que esa dieta, además de alimentar la conexión entre ustedes, hará que su amor sea cada vez más fuerte.

· · · · · · · · · · ·

DEBES ESTAR PENSANDO EN OTROS PROBLEMAS QUE SURGEN DETRÁS DEL VELO DEL MATRIMONIO Y DE LAS RELACIONES DE UN MODO GENERAL, PERO QUE NO LISTÉ EN ESTE CAPÍTULO. EL CASO ES QUE TEMAS COMO EL SEXO, LOS ENGAÑOS, LOS CELOS, LA INTERFERENCIA DE LA FAMILIA VALEN LA PENA SER DISCUTIDOS POR SEPARADO. ENTONCES, VAMOS A LA PRÓXIMA PÁGINA PORQUE HAY MUCHO MÁS ESPERÁNDOTE.

· · · · · · · · · · ·

SEXO: ¿LIBERTAD O BUROCRACIA?

"El amor es cristiano.
El sexo es pagano.
El amor es latifundio.
El sexo es invasión.
El amor es divino.
El sexo es animal.
El amor es bossa nova.
El sexo es carnaval".

RITA LEE, "Amor y sexo"

EL SEXO es pecado.

Puedes no estar de acuerdo con esta frase, pero estoy seguro de que ya la has escuchado en varios momentos de tu vida. Pero, detrás de esta expresión, hay una historia que viene de hace mucho. Adán y Eva. La expulsión del Paraíso. Esa historia es bastante familiar, ¿verdad? Esto es solo para que tengas una idea de cómo hace siglos que los placeres de la carne se volvieron algo reprobable, lo que se ancla en la idea de que, a través del sexo, puedes desviarte de Dios.

"Todo bien, pero ¿y entonces? ¿Qué importancia tiene eso en la vida sexual de una pareja hoy en día?". La cuestión es que todos estamos dentro de este enorme caldo cultural. Así, sea cual sea tu creencia (o incluso si no tienes ninguna), los muchos modos por los cuales la sociedad representa o vive el sexo influyen directamente en tu comportamiento, te des cuenta o no.

Pero vamos a continuar dando un salto en el tiempo hasta los inicios de los años sesenta, la década más contestataria del siglo XX. Mucho más allá de la ropa colorida y estampada de Brigitte Bardot (quien mostraba las piernas en la calle) del Poder negro y de las multitudes que amaban a los Beatles, esa época estuvo marcada por diferentes transformaciones en la sociedad, por muchos ataques al sistema político y por un deseo bastante fuerte de cambios. Y, entre ellos, estaban el sexo y la revolución sexual.

En esa época, los jóvenes simplemente ya no querían vivir como la sociedad y la iglesia lo estipulaban. El movimiento hippie (probablemente uno de los mayores símbolos de la contracultura y de la ruptura con las formas de organizarse y de vivir la vida individual y colectiva) apareció en Estados Unidos. Este arrojaba tomates y huevos a los políticos tradicionalistas, hacía protestas, quemaba cartas que convocaban a unirse a las filas del ejército y tenía miembros del movimiento desnudándose frente a la Casa Blanca.

El lema era: "Haz el amor, no la guerra", porque los jóvenes no querían morir luchando en la guerra de Vietnam. Precisamente, lo que querían era libertad para hacer el amor (tener sexo, a decir verdad) con quien quisieran y como les pareciera. Lo que me pregunto es si, a pesar de todo ese griterío, podemos decir realmente que hubo una revolución sexual.

Sé que hoy en día la vida sexual de las parejas ya no es como en los años sesenta y mucho menos como en el inicio de la era cristiana. Puedes tener incluso mucha actividad sexual y con docenas de personas al mismo tiempo, o hasta ir a un club de *swingers* con tu pareja (si así lo quieren los dos). Pero ahí te hago una pregunta para que pienses conmigo: ¿puedes hacer esas cosas o te están presionado un poco para hacerlas?

Para entender mejor esta idea, entra en mi consultorio y ven a conocer una historia curiosa. A este paciente le daremos el seudónimo de Braulio.

"Vine a buscarlo porque mi urólogo me mandó. Ya me hice todo tipo de estudios y él me dice que mi problema es psicológico. El caso es que, a la hora de la acción, no estoy funcionando.

Mi 'amigo' aquí no da señales de vida y nunca había tenido este tipo de problemas. Hace seis meses que estoy en una relación seria. Mi novia me gusta mucho, nuestra vida sexual siempre ha sido muy buena y creo que, algún día, vamos a casarnos. Nunca había sentido nada parecido por otra mujer, ni en la vida ni en la cama. Entonces, con ella es todo genial a la hora del sexo. El problema es que mi 'amigo' dejó de funcionar cuando salgo con otras mujeres. Siempre he sido así, me gusta el sexo variado. Solo que, como dije, ahora solo funciono con mi novia. Tiene que ayudarme. Incluso tomando remedios, nada funciona. 'Él' ya no se despierta en la calle".

No, esto no es un chiste. Escribí exactamente lo que me contó. Y apuesto a que ya quieres la dirección del hechicero que la novia de Braulio usó, para encomendarle un "trabajo" que también haga que "el amigo" de tu pareja solo despierte contigo. Calma. Esto no es brujería: es conflicto, culpa y miedo.

Con el paso de las sesiones, quedó claro que Braulio simplemente no entendía que:

(1) Al amar a alguien de verdad por primera vez, su cuerpo no quería tener sexo con otra persona. No estoy diciendo que quien ama no tiene sexo con terceros: no soy tan ingenuo. Estoy diciendo que, en el caso de este muchacho, el cuerpo de él funcionaba así. ¿Por qué?

(2) Porque no quería lastimar a la mujer que amaba. Él vivía asustado y angustiado, inconscientemente, ante la idea de perderla (si ella descubriera un engaño).

(3) Porque él se sentía presionado por sus amigos, quienes lo criticaban y le decían que podía amar a una mujer, pero que debía salir con varias para no perderse la cosas buenas de la vida. Después de todo, un hombre es quien toma una a mujer, tiene sexo, deja todo y corre a contarles a los amigos lo que hizo (sobre todo, inventa lo que no hizo). Y ese tipo de percepción solo aumentaba su angustia y lo dejaba más confundido, porque lo que sentía por su novia no encajaba con el comportamiento que siempre le había gustado tener.

Si esto no es represión, no sé qué nombre darle. El caso de Braulio está aquí como ejemplo para demostrar que la supuesta revolución sexual no fue exactamente como todos piensan. Parece que más o menos solo cambió de lugar todo. Es decir, las parejas (de una forma u otra) continúan viviendo su sexualidad de forma reprimida para seguir, en parte, lo que la sociedad acepta o espera. Y eso te lleva a creer que las elecciones sexuales que tomas son precisamente el fruto de tu deseo, pero eso no es así. En lugar de una verdadera liberación sexual, pasamos a vivir con nuevas exigencias sociales.

Claro, no voy a negar que ha habido transformaciones en el comportamiento sexual de la gente a lo largo de los siglos. Sin embargo, aunque las personas sientan que pueden elegir las normas sexuales que quieren seguir (de acuerdo con su intimidad personal) en el fondo, continúan funcionando, en mayor o menor medida, con base en los juicios de grandes o pequeños grupos.

De forma que si entendemos la represión sexual como un conjunto de costumbres, leyes, prohibiciones y permisos que determinan cómo se debe tener sexo, quizás todavía estamos en la misma situación. Después de todo, que casi todo esté permitido puede sentirse tan represivo como que todo esté prohibido. Me explico: si el sexo se entendiera como algo que no se debe hacer (porque es feo, pecaminoso y promiscuo), la sociedad me va a mirar mal si digo que me gusta. Mientras que si el sexo fuera visto como algo lindo y necesario (que debe hacerse), la sociedad va a mirar a quien diga que no le gusta como si fuera un extraterrestre. Es un giro de 360 grados que termina en el mismo lugar. Es decir, sin que te des cuenta, el sexo sigue en una prisión, solo que en una diferente.

Otra cosa, que pocas personas parecen considerar, es que la libertad sexual vino mucho más por cuestiones externas que internas. Piensa conmigo, fiel lector o lectora, ¿por qué te parece que la mencionada revolución sexual "se incendió" en los años sesenta, y no en los años cuarenta o cincuenta? Porque en 1960 apareció la píldora anticonceptiva, lo que finalmente le daba a la mujer una posición de "igualdad" frente al hombre. Entonces, ella tenía el poder de decisión de solo quedar embarazada cuando quisiera. Además, los antibióticos, que ya venían desarrollándose desde los años cuarenta, pasaron a resolver gran parte de las enfermedades de transmisión sexual.

El escenario estaba listo para que las personas pudieran sentirse más libres, pero no porque algo hubiera realmente cambiado en su interior. Apenas el cuerpo estuvo protegido por los medicamentos y toda aquella moralidad religiosa extrema pasó, en gran parte, a segundo plano.

Pero ¿había realmente más libertad y mayor aceptación de la sexualidad? Lo dudo mucho. El cambio residía básicamente en las transformaciones externas. Dentro de cada uno, seguían aquellos ojos vigilantes del juez (y que, en el fondo, sí tienen mucho que ver con la preocupación de la mirada de los otros), que continúan atentos y represivos hasta el día de hoy.

Estoy de acuerdo con Elis Regina, cuando cantaba que: "Todavía somos los mismos y vivimos como nuestros padres". Déjame darte dos ejemplos para ilustrar lo que digo:

1. ¿Ya te fijaste que el sexo continúa (incluso inconscientemente) siendo algo tan "sucio" que todas las palabrotas que decimos con la intención de agredir a alguien están ligadas a la sexualidad? ¿Reflexionamos? *Hijo de p***, agárrame de las p***, la c*** de tu madre, cornu****... Pues bien, usa la memoria y vas a confirmar que toda palabra ofensiva parte de una tentativa de despreciar, marginar o ridiculizar el sexo. Extraño, ¿no?

2. Nos continúan enseñando que todas las secreciones humanas son sucias, impuras o que pueden transmitir gérmenes, microbios, y enfermedades. Esto va para las secreciones vaginales, el semen, el sudor, la orina, la saliva o cualquier líquido producido por el ser humano. El cuerpo, y todo lo que viene de él, continúa siendo impuro al día de hoy. En realidad, la única secreción humana a la que aprendimos a no tenerle asco es la lágrima, como si ella no cargara también gérmenes y enfermedades.

Todo esto es para decirte que tu vida sexual no es tan libre como crees. Siempre ha estado marcada por la historia de las sociedades.

De la revolución sexual al sexo burocrático

Ahora que entendiste que la revolución sexual quizás no haya sido tan liberadora, es hora de que te cuente que las parejas tienen tres vidas sexuales: la que dicen vivir, la que viven en realidad y la que les gustaría tener, pero de la que nadie habla. Y, entonces, con todo ese silencio, ¿sabes a dónde va a parar el sexo de la pareja? Al consultorio del psicólogo.

Y las quejas son de lo más variadas: desde la vergüenza de lidiar con el deseo propio, las fantasías no satisfechas, hasta las libidos desencontradas, etc. El hecho es que muchas parejas andan con la temperatura bien tibia (o incluso helada) debajo de las sábanas. Lo que parece una contradicción, ya que, con el paso de los años, la vida sexual debería mejorar, ¿verdad? Después de todo, si las dos personas se conocen tan bien, saben lo que le gusta más al otro, los hábitos, las posiciones más cómodas, los puntos más sensibles... Eso debería transformar la vida sexual en algo maravilloso, ¿no? La gráfica de la vida sexual es la siguiente:

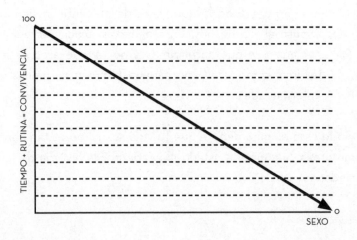

Por lo general, cuanto mayor es la convivencia (que se traduce en tiempo + rutina), menor es la intensidad o el deseo de tener sexo.

¿Parece complicado? No te preocupes, es más simple de lo que puedes imaginarte. Empecemos por conocer cada elemento del problema. Tiempo, rutina y convivencia: esos ya los conoces la perfección, ¿verdad? Pero déjame hacerte una pregunta: ¿qué es el sexo para ti? Si la pregunta parece fácil, quizás la respuesta no sea tan obvia.

Para que entiendas mejor lo que es el sexo y que comprendas la gráfica de una forma más profunda, acompáñame en mi próxima sesión.

Ahora, es Elizabeth quien nos espera en el diván, que está muy insatisfecha con la poca actividad sexual (y su baja calidad) que tiene con su marido, João.

"Nos casamos apenas hace tres años. Al comienzo del noviazgo, era imposible darnos un beso sin terminar en la cama. Usábamos vibradores, lubricantes comestibles y todo lo que pensábamos que podría darnos experiencias nuevas. Hasta me regaló un kit de *Cincuenta sombras* para mi cumpleaños. Es lógico que ni pensáramos en la reservación que habíamos hecho en el restaurante. Me vendaba los ojos y cenábamos en el sofá".

Calma. A pesar de que la vida de esta paciente parece enviidiablemente excitante, Elizabeth todavía tiene cosas por decir.

"Pero después de un año de casados, ese sexo de la época del noviazgo ya se había enfriado bastante y lo que más me gustaba era quedarme abrazada con él en la cama haciendo maratones de series. Entonces, comenzamos a tener sexo prácticamente solo los fines de semana, después cada quince días. Ya estuvimos un mes sin sexo. Lógicamente, sabía que la frecuencia iba a disminuir con el paso del tiempo, pero lo que más me incomoda es que siempre hacemos lo mismo, ¿sabes? Como si hubiera un guion. Comenzamos besándonos, luego él me lleva a hacerle sexo oral, luego juega con sus dedos dentro de mí, después más de eso, más de aquello, hasta que terminamos con ese vaivén de siempre. Se volvió un poco como sexo... burocrático".

Frente a la historia de Elizabeth, creo que ya tenemos bastante para volver a aquella pregunta que quedó en el aire: ¿qué es el sexo para ti? Incluso, puedes adornar la respuesta como quieras, pero a fin de cuentas el sexo es solo la materialización de nuestras fantasías. Y ni siquiera estoy hablando de fantasías de cuero, de sex-shops, nada de eso.

Pero presta atención a lo que nos enseña el comportamiento de Elizabeth. Ella simplemente no se daba cuenta de que, cuando estamos excitados con alguien, lo que está en juego es la fantasía que depositamos en el otro. **En realidad, la persona sexualmente deseada es, en gran parte, una proyección hecha por mí.**

En el momento de la acción, mi inconsciente proyecta todo lo que quiere que la persona sea, y eso es suficiente para agitar las hormonas y provocar el deseo.

El problema es que, cuando estamos en una relación, nada destruye más la fantasía que la realidad. Cuando te involucras amorosa y sexualmente con alguien durante mucho tiempo, la rutina genera gran convivencia, la capacidad de fantasear se debilita y los deseos sexuales van transformándose en ambos. El sexo, sin duda, deja de ser la cosa más importante para la pareja.

Y entonces, comienzas a darte cuenta de que la persona que te enloquecía de deseo también ronca, se tira pedos, le huelen los pies, eructa, tiene granitos... Es decir, ella deja de ser esa figura sobre la cual fantaseabas para volverse una criatura de carne y hueso, sobre todo, si comienzan a vivir juntos.

"¡Que cosa tan absurda! ¡Quieres decir que ser muy íntimo con alguien o casarse con esa persona bloquea el sexo?". Sí, estoy diciendo exactamente eso. Detente a pensar y tal vez termines estando de acuerdo conmigo. Es muy difícil proyectar fantasías que encienden el deseo sexual en una persona con quien convivo mucho. Calma. Claro que existe una salida para ese bloqueo y vamos a conversar sobre ella.

Cegados por la burocracia sexual

Pero, antes, piensa en las últimas veces que tú y tu pareja tuvieron sexo. Será que, así como en el relato de Elizabeth, ¿siempre siguen un guion? Tal vez primero se besan, después van por aquí, van por allá, entonces se da tal cosa de tal manera y, al final (con suerte), ustedes gozan como siempre. No te sientas mal si el saco te quedó. Después de que se pasa algo de tiempo teniendo sexo con la misma persona, a pesar de la mentada "libertad sexual", la mayoría de las parejas terminan siendo rehenes del sexo burocrático.

Y en todo eso, hay un punto crucial: raramente las parejas mantienen contacto visual uno con el otro. Los cuerpos se miran, pero los ojos no se cruzan (o lo hacen muy poco). Y el motivo es porque al hacer contacto visual miras el sentimiento, la carencia, lo que pasa en el corazón de la otra persona. Mirarse a los ojos es un intercambio de afecto verdadero.

En esa "ceguera" afectiva, las personas pierden una de las cosas más lindas de la vida: el sexo no burocrático. Aquel del tipo que si te acariciaran de verdad y te entregaras a ese intercambio, te "derrites" y casi no sabes dónde comienza y dónde termina el otro. Es el sexo en el que pierdes las viejas referencias de patrones de comportamiento que están enraizadas en ti. Y eso, como vimos en el caso de Braulio, y también en el de Elizabeth, asusta a mucha gente. ¿Se acuerdan de la frase que ella dijo al recibir el kit *Cincuenta sombras*? "Me vendaba los ojos y cenábamos en el sofá".

Puedes, claro, vendarle los ojos a quien está en la cama contigo. Pero lo que digo es que nos enseñan a evitar la mirada de manera general y todavía más a la hora del sexo.

¿Besas con los ojos cerrados? La gran mayoría de las personas lo hace así. No sé dónde aprendimos eso (en el cine, tal vez), pero es importante saber que no variar esas reglas empobrece mucho el sexo y la vida de la pareja. Entonces, pierde la vergüenza de mezclarte con el otro y gana, o recupera, una de las mejores cosas del sexo (que es ver el placer que le estás dando al otro, mirándose a los ojos).

Lo que nadie tampoco parece tener el valor de decir es que las parejas, a pesar de hablar mucho sobre sexo, tienen una vida sexual de pésima calidad, en la cual están siempre ansiosas, frustradas o avergonzadas de su cuerpo y de su desempeño.

Hoy en día, en la era de la burocracia sexual, las personas rara vez tienen sexo en el buen sentido de la palabra. Al final, una persona correcta hace todo igual siempre. Tengo la impresión de que, en realidad, las personas tienen sexo como si estuvieran masturbándose juntas y gozando solas, con los ojos cerrados, lejos de sí mismas y del otro.

Sin embargo, no todo está perdido. Conserva la esperanza de que tu vida sexual puede ser mejor. Además del contacto visual, de dejarse "derretir" para mezclarse con el otro, existen algunos datos útiles que ciertamente ayudarán a que la gráfica sexual se aleje del casi cero.

De la burocracia sexual al Paraíso

▶ **Amplía tu idea de sexo**
Uno de los errores de Elizabeth fue haber quedado atrapada en lo que le enseñaron que era la vida sexual. El concepto de que el sexo es solo una actividad ligada a los genitales, la penetración y el orgasmo es extremadamente limitado y puede hacer que termines, después de que se instala la convivencia, repitiendo el mismo guion.

Amplía tu idea sobre el sexo como un concepto más bien simple y se te va a hacer más fácil lidiar con el tema. El sexo es juego... de adultos.

Cuando somos niños, necesitamos jugar, porque lo lúdico es fundamental para el desarrollo infantil. Para ello, el niño usa mucho la imaginación y se deja fluir. Cuando crecemos, esa necesidad de jugar no desaparece, solo que ahora jugamos al sexo, pero debido a la represión nos volvemos sólidos, y solo los fluidos, o los que dejan fluir, logran fusionarse. Entonces, deja de imaginar que tu vida sexual es algo tan serio, tan pesado, como siempre te hicieron creer. "Ah, pero no, sí es así. No podemos olvidar que, en el sexo, existen cosas que son normales y otras que no. Y eso hay que tomarlo muy en serio". Entiende lo siguiente: en el sexo es normal todo aquello que no va contra la ley y que forma parte del deseo de ambos. Cuando es entre adultos y consensuado, todo se vale. Y reescribiendo a Tim Maia, se vale bailar hombre con hombre y mujer con mujer. ¿Por qué no se podría?

Haz del sexo un momento de diversión, con elementos recreativos que te lleven a desnudarte no solo de la ropa, sino también de los comportamientos que la sociedad espera. El momento del sexo es tuyo y de quien está contigo. Sean libres de divertirse como les parezca más placentero.

▶ **Ve más allá de lo genital**
Es hora de que comiences a explorar cada centímetro del cuerpo del otro como si fuera un gran tablero de juegos, un gran juguete. Vive y siente el cuerpo del otro como un órgano sexual que sobrepasa el que se lleva entre las piernas.

Cuando pongas tus deseo en descubrir nuevas sensaciones en ti y en el otro, eso comenzará a suplir la pérdida de la fantasía que, generalmente, disminuye con la convivencia. Y entonces la gráfica de la vida sexual va a dejar de estar cerca de cero.

En el momento de acción, siempre esperamos que el otro cumpla el papel que la sociedad, e incluso tú, piensa que es el correcto. Pero realmente no tiene que ser así y da para ir mucho más allá.

Por medio del tacto, es posible unir el afecto a las sensaciones orgásmicas. Las personas existimos no solo de la cintura para abajo. También tenemos olores, temperaturas y gustos variados. Todo depende de la región que explores.

Los juegos eróticos siempre son bienvenidos. Un simple juego que puede funcionar muy bien es invitar a tu pareja a acostarse y que solo sienta mientras la acaricias. La persona tiene que prometer que, por más ganas que tenga, no te va a corresponder en ese momento, solo va a sentir. Puede ser a media luz o con todas las luces encendidas, no importa.

Usa la boca, la nariz, las manos, los dedos, la lengua, las uñas para explorar libremente el cuerpo de tu pareja. El otro tiene que soportar recibir. Mientras, ve percibiendo las reacciones y sensaciones que comienzas a despertar en quien estás tocando o en ti mismo y diviértete con ello. Acto seguido, pueden invertir los papeles y entonces será tu momento de recibir caricias y de ser pasivo.

▶ Placer sí, orgasmo no siempre

Para muchos, el sexo es una verdadera carrera por el orgasmo. Y hay personas que se sienten frustradas cuando no consiguen alcanzarlo. Si no lo alcanzaste, o no lograste que lo alcanzaran, no cumpliste con tu deber. Pues ese es uno más de los guiones que te enseñaron y que hay que deconstruir.

No alimentes una obsesión que la sociedad te enseñó por el orgasmo. Incluso porque, siendo muy franco, el orgasmo puede llegar a arruinar el placer. Entonces, relájate. Ten en mente que la finalidad del sexo no tiene que ser que ustedes lleguen al orgasmo, sino que sientan placer.

Es posible quedarse jugando hasta llegar muy cerca de la explosión y simplemente detenerse. Pero eso solo lo logra quien se dispone a desburocratizar el contacto con el otro y a percibir bien lo que está sintiendo de verdad.

A la hora de la intimidad sexual, ten en mente que tener sexo es darte placer a ti mismo y que la entrega debe ser recíproca. El juego se vuelve mucho más divertido si, en lugar de preocuparte por llegar al orgasmo, logras crear un "estado orgásmico" que puede durar bastante tiempo.

▶ Sigue tu modelo sexual

Va a parecer contradictorio lo que te voy a decir, pero las películas porno son una clase de cómo no tener sexo. Se hacen para generar lucro y estimular modelos extremadamente represores, porque lo que vemos (y acabamos tomando de referencia) es sexo exclusivamente de los genitales, distanciado del resto del cuerpo, agresivo y agonizante.

Hay que diferenciar la ficción de la realidad. Se trata tan solo de puestas en escena y quien haya tratado de reproducir las posiciones de las películas ha descubierto que muchas de ellas son extremadamente incómodas y nada excitantes. En las películas son posibles porque son varias escenas con cortes y ediciones. Además en el mundo en el que vivimos, ni todos los penes son gigantes (la mayoría no lo son), ni todas las gargantas son tan profundas. Eso sin contar el tipo de belleza de los cuerpos, elegidos para que encajen en el modelo estético de consumo vigente.

No eres ni tienes que ser una actriz o actor porno en la cama para recibir o dar placer. Trata de entender lo que estés sintiendo a la hora del sexo y sigue el ritmo de tu cuerpo, sin adoptar comportamientos de otros. Gritar es una posibilidad, pero no una necesidad. Apretones, mordidas... todo se vale. Solo tienes que hacerlo a tu manera, ¿de acuerdo?

▶ Descubre otros placeres

¿Recuerdas cuando Elizabeth dijo "lo que más me gustaba era quedarme abrazada con él en la cama, haciendo maratones de series"? Así es, estancada en la idea del sexo como equivalente al encuentro de genitales, ella no se daba cuenta de que aquello que experimentaba con João podía ser un tipo de placer sexual. Sí, existen actividades que la pareja pasa a realizar que no parecen ser sexuales, pero son extremadamente placenteras. Hacer maratones de series juntos, comer una buena comida cómodos en la cama o tomar vino en el balcón en una noche fría también puede ser algo bastante sexual si deconstruyes todo lo que te enseñaron sobre la vida sexual y recreas parámetros para sentir y percibir el erotismo de lo que aparentemente es casto. **Para que la relación siga siendo genial, el erotismo necesita ser un elemento más que ayuda a la convivencia a no consumir la fantasía.**

Esto no quiere decir que el sexo genital deje de existir, sino que es tan solo una forma de expresar la sexualidad humana. ¡El problema es que nos enseñan que esa es la única forma!

Las personas quedan atrapadas en este "nuevo tipo" de represión sexual y pasan a creer que toda pareja solo está bien y es sana si tiene mucho sexo, tal como cuando se conocieron. Y, entonces, caer en la burocracia acaba siendo casi inevitable. Si la convivencia destruye la fantasía, la madurez del sentimiento ofrece la oportunidad de que te reinventes sexualmente en el otro, con el otro y para el otro.

▶ **Deja de ver el sexo como una obligación**

El sexo dejó de ser algo oscuro para ser exhibido en todas partes. Pero el gran problema de esto es que se presenta de una manera irreal y exagerada. La sociedad de consumo pasó a vender el sexo como algo excesivamente importante, y eso termina llevando a las personas a pensar que tener sexo es una obligación. Hay que hacerlo, si no, los otros van a pensar que tienes algún tipo de problema o deficiencia.

Y está claro que eso repercute directamente en las relaciones. Es fácil imaginar la vergüenza de un adolescente que todavía es virgen, porque en esta represión sexual al revés ser virgen es motivo de perversión. De la misma forma, muchas personas se sienten angustiadas cuando no están dispuestas a atender las necesidades sexuales de su pareja.

Considerar el sexo como una obligación intoxica a las personas y envenena las relaciones. Por ello, es importante que cambies tu idea del sexo y pases a verlo como una posibilidad, no como una obligación.

Métete una cosa en la cabeza: el sexo no trae ninguna garantía de duración de la relación. Por ello, nada de hacer "caridad sexual". El sexo sin deseo, solo para complacer al otro, es terrible porque, además de ser algo violento que la persona hace contra sí misma, eso acabará abriendo heridas profundas que dañarán la relación.

Entonces, basta de desperdiciarte. Ser libre sexualmente es entender que tienes el derecho de no ceder a las presiones de la cultura o a los deseos sexuales de quien sea. Recuerda que, por más que la sociedad diga que el sexo es maravilloso, dejará de ser placentero si, en el fondo, no tienes ganas de vivirlo en ese momento o con esa persona.

▶ **Cuando llegan los hijos, ¿qué hacer con el sexo?**
Algunas parejas disminuyen radicalmente la frecuencia de sus encuentros sexuales después de que los hijos nacen. Pero ¿por qué será que sucede eso? Bueno, además de las cuestiones objetivas, como la falta de tiempo, el cansancio y la falta de oportunidades, presta atención, porque muchas veces existe, también, un tipo de represión inconsciente.

Estarás de acuerdo conmigo en que aprendemos, desde pequeños, a no relacionar de ninguna forma la vida sexual con la función de ser padre y madre. Tanto que llega a ser incómodo imaginar a los propios padres teniendo sexo, el abuelo y la abuela gozando, de eso no se habla. Así, no es raro que las parejas que tienen hijos se "desexualicen" para, de forma inconsciente, mantener la imagen que se aprendió de que papá y mamá no tienen sexo.

Además, dejar de vivir tu sexualidad por "el bien" de los hijos te hará rehén de ellos. Y ese tipo de vínculo puede terminar haciendo la relación muy problemática.

Se puede resolver esto de una forma bastante práctica. Antes de cualquier cosa, define el territorio. Si antes la casa era de la pareja, ahora existen otros pequeños habitantes a los cuales hay que enseñar que no son los reyes o reinas del lugar. Así, si ellos ya están en edad de caminar y hablar, es hora de que aprendan que no pueden entrar en el cuarto de los padres sin tocar a la puerta.

Para algunos, esa actitud parecerá demasiado severa, pero impón esa regla sin miedo. Además de darle más libertad a la pareja, esta determinación enseña a los niños cuál es su lugar dentro de la casa y de la familia. Ir a la cama de los padres en el medio de la noche o dormir entre la pareja, ¡ni pensarlo! Entiende que cuando nosotros (los mamíferos en general) sentimos que tenemos el control de alguna situación, simplemente no queremos renunciar a ese poder. Pensando en eso, recuerda que ese pequeño, bonito y seductor, va a crecer y que lo que se le enseñe o no (desde la infancia) sobre los límites con los padres va a servirle para cuando llegue a la adolescencia.

Si los hijos ya son adolescentes, la pareja no puede vivir como si necesitara la autorización de ellos para tener una vida sexual activa. Por ello, es hora de dejar en claro que ustedes tienen momentos íntimos y que eso solo concierne a la pareja. Poner ese tipo de límites permite que ellos, más tarde, desarrollen satisfactoriamente su propia sexualidad.

Por eso, es tan importante establecer una ley simbólica que prohíba la intromisión de los hijos en la vida íntima de la pareja para recordar que, antes de ser padre y madre, ustedes son hombre y mujer. <u>Nunca dejes de lado los placeres de la vida de pareja porque nacen los hijos.</u>

▶ Conversen sobre sexo

Hablamos bastante sobre sexo, en general mucho más de lo que tenemos sexo. El problema es que casi siempre hablamos sobre ese tema con los otros, pero muy rara vez con quien compartimos la cama. Sucede que la regla de la buena comunicación afectiva también funciona para el sexo.

Para que esa charla se dé bien, el diálogo no puede parecer un juego de acusaciones y reclamos. La idea es que sea constructivo para la pareja y, por ello, comienza siempre hablando de lo positivo, de lo que más te gusta, de lo que crees que es lo mejor que te ofrece para, así, dar espacio a tus quejas.

Por más que tú y tu pareja se conozcan, esta no tiene la bola de cristal. Entonces, hay que decirle lo que te gusta, lo que quieres y cuáles son los caminos de tu cuerpo.

Sé que este tipo de charla no es fácil, pero créeme, el silencio, en este caso, es algo mucho más peligroso. Porque si amontonas muchas insatisfacciones, un día vas a explotar y soltar todo de golpe. En general, esto sucede de la peor forma y con palabras muy duras, por motivos tan antiguos que el otro no entenderá la relevancia de lo que estás diciendo.

Otra cosa importante: después de un tiempo conviviendo con alguien, se entra en una especie de "zona de confort" y uno termina creyendo que ya sabe todo lo que a la otra persona le gusta en la cama o que el otro debería saber todo lo que te satisface. Te equivocas. Con el paso del tiempo, todo cambia, incluso tus gustos y los de quien está a tu lado. Si al comienzo del noviazgo te gustaba un contacto más suave, quizás hayas descubierto con el paso de los años que ahora un contacto más fuerte te estimula más. O, incluso, si a ti te gustaba el sexo más enérgico antes, hoy puedes preferir algo más calmado. Son solo ejemplos, pero para reforzar: cualquier insatisfacción o cambio en la vida sexual de la pareja debe ser conversado.

Para que ese tipo de charla no se vuelva demasiado difícil y penosa, evita comenzar el tema en situaciones muy formales, como una fiesta, por ejemplo, y opta por un ambiente relajado, como una cena de pareja.

Una táctica muy simple y liviana para introducir el tema es proponer a tu pareja una especie de "juego" en el que cada uno dirá a su vez lo que mas le gusta, lo que menos le gusta y lo que espera del otro en su vida sexual compartida. Esa también puede ser una excelente ocasión para que se propongan cosas nuevas en el terreno sexual y se conozcan más. Al final, aunque no parezca, la vida sexual también es la palabra hablada.

· · · · · · · · · · ·

AHORA QUE ENTENDISTE QUE LA REVOLUCIÓN SEXUAL TAL VEZ NO HAYA SIDO TAN REVOLUCIONARIA, QUE EL SEXO PUEDE VOLVERSE MUCHAS VECES UNA BUROCRACIA BASTANTE FASTIDIOSA Y QUE CUANDO DEJAMOS DE VER AL OTRO COMO OBJETO DE FANTASÍA LLEVAMOS CASI A CERO LA GRÁFICA DE LA VIDA SEXUAL, HA LLEGADO LA HORA DE HABLAR DE AVANZAR Y DE HABLAR DE LOS CELOS, SIN OLVIDAR LAS PISTAS QUE COMENTÉ QUE PUEDEN DEVOLVERTE EL "PARAÍSO PERDIDO". TÚ Y YO VAMOS A APRENDER A DOMAR ESE SENTIMIENTO QUE PARA ALGUNAS PERSONAS PARECE SER ALGO ADORABLE O HASTA UNA PRUEBA DE AMOR, PERO QUE, EN REALIDAD, PUEDE SER FATAL PARA LAS RELACIONES.

· · · · · · · · · · ·

CELOS: LA BOMBA ATÓMICA DE LAS RELACIONES

"Todo es pérdida. Todo quiere buscar, donde
tanta gente canta, tanta gente calla.
Tantas almas tensas en la curtiembre,
sobre todo camino, sobre toda sala.
Se cierne, monstruosa, la sombra de los celos".

CAETANO VELOSO, "Los celos"

LAS RELACIONES nos brindan sensaciones geniales, ¿verdad? Amor, compañerismo, vitalidad, seguridad, felicidad... Sin embargo, este paquete también trae algo que no pedimos: los celos. Todo el mundo, en mayor o menor medida, ha experimentado este sentimiento que es muy doloroso en la mayoría de las situaciones.

Sé que existen diferentes tipos de celos. Está quien siente celos de los amigos, de los hijos, del auto, de los libros, etc. Aquí vamos a hablar de los celos específicamente en las relaciones amorosas. Y comienzo preguntándote, querido lector o lectora, ¿de dónde vendrán? ¿Por qué los celos desestabilizan tanto a algunas personas, mientras que hay gente que logra atravesarlos "en paz", o al menos de una forma mucho más tranquila?

Si prestas atención, los celos tienen un formato de triángulo compuesto por ti, la persona que amas y un tercer elemento (real o imaginario) que amenaza con tomar tu lugar.

Lo que no notas es que ya habías vivido ese mismo tipo de situación conflictiva y triangular en la infancia, solo que, en ese periodo, el triángulo estaba formado por mamá, papá y tú.

El primer gran amor

¿De qué estoy hablando? Del tan conocido "complejo de Edipo", que Freud describió en 1910. Explicado de una forma muy simple y fácil: es la fase en la que el niño se enamora de la madre y la niña, del padre. Y, entonces, ese niño o niña va a encarar la situación como si hubiera una rivalidad y va a sentir celos reales de la madre (si se trata del niño) o del padre (si se trata de la niña). O sea, papá y mamá son la primera relación amorosa, pero también son los primeros rivales (por lo menos, en la fantasía infantil).

Entiende, sin embargo, que esta estructura psíquica es "maleable", se adapta y sigue presente en todos los modelos de familia que puedan existir. Incluso en aquellas familias en las que los niños son criados por los abuelos, por una madre soltera o viuda, solo por el padre, por parejas homosexuales, por una tribu indígena, etc.

Solo que más tarde ese sentimiento va a estar dirigido a otras personas: celos de los hermanos, de los amigos, hasta que (cuando llegamos a la fase adulta) el triángulo se encaja en la vida amorosa. Entonces, la forma en la que un niño logra resolver esta situación dentro de sí va a ser determinante para saber si, en el futuro, va a lograr lidiar (mejor o peor) con los celos en las relaciones amorosas.

¿Es normal tener celos?

Es normal que tengas cualquier sentimiento humano, incluso celos, pero lo que va a determinar si eso es patológico es lo que haces con las cosas que sientes, y no solo el hecho de sentirlas. Por ello, si para relacionarte con tu pareja te la pasas tratando de controlar su vida, ¡alto ahí! Es hora de que te des cuenta de que ya te pasaste de la raya y hay que resolver esa situación dentro de tu cabeza.

Para empezar, sin embargo, no debes confundir el amor con el sentimiento de posesión. En teoría, esto parece fácil, pero en la práctica es muy difícil, porque hace tiempo que vivimos en una sociedad totalmente ligada a la idea de la propiedad privada.

Tal vez esta confusión se deba, en parte, a nuestra historia. Hay especialistas que creen que tener celos y ver al otro como una propiedad fue fundamental para la supervivencia de la especie y de la tribu, así como para garantizar la protección del territorio. El hombre, desde tiempos remotos, trató de perpetuar su propia existencia a través de los hijos y, para ello, necesitaba que la mujer le perteneciera, para que engendrara a sus hijos, no a los del vecino. Por si no te acuerdas, la prueba de paternidad apenas fue descubierta "recientemente", en 1985.

Viajando en el tiempo, también puedes darte cuenta de que los primeros conceptos de familia, que fueron establecidos en el Imperio romano, mantuvieron una estructura patriarcal. Es decir, toda la autoridad estaba, una vez más, en manos de los hombres. Todo lo que fuera parte de la familia romana pertenecía al jefe de la casa (no solo los objetos y territorios, sino también la mujer y los hijos).

En la antigua Grecia era igual. Así como en Roma, las mujeres y los hijos estaban bajo la custodia del macho y la vida de las mujeres griegas estaba siempre sometida a un hombre, de alguna manera.

Ahora bien, el concepto de familia carga (y esto no es de hoy) esa fuerte noción de que la mujer es propiedad del hombre. No es nada muy extraño para nosotros. Al final, incluso con las luchas por los derechos de las mujeres, con el nacimiento del feminismo y con ellas cada vez más empoderadas (ganando territorio en el mercado laboral y volviéndose independientes de los maridos), todavía escuchamos muchos discursos y vemos muchas actitudes que insisten en transformar a la mujer en un objeto, lo que remite siempre a esa relación con el pasado.

Aun así, las mujeres son guerreras y no se puede negar que ellas han conquistado muchos espacios. Hasta el de considerar una propiedad a la persona que aman. En lo concerniente al sentimiento de posesión y a los celos, hoy en día, tanto los hombres como las mujeres pueden detonar esa bomba atómica de las relaciones.

Te conté todo esto porque, antes de cualquier cosa, tienes que entender que el otro no es tu propiedad. Quien amas es sujeto en la relación y no objeto.

Es decir, los celos son construidos sobre una ilusión de tener posesión del "objeto". Pero de lo que el celoso no se da cuenta es que, en realidad, el otro no puede pertenecerle solo porque tienen una relación amorosa. Y es ese sentimiento de posesión lo que termina desencadenando los celos desproporcionados patológicos en las personas.

Un monstruo llamado celos

Como sé que te gusta escuchar historias de mi consultorio, vamos a entender lo que sucedió con Paulo Honório, que vivía enamorado de Madalena, pero tenía muchos celos de Magalhães. Por supuesto que los nombres fueron alterados.

Paulo Honório (gerente de banco de 34 años) me buscó cuando su novia, Madalena (diseñadora de interiores de 29 años), le dio el ultimátum: "O te tratas o nunca más te voy a mirar a la cara".

Conoció a Madalena en un viaje que había hecho a Cachoeiras de Bonito. La joven viajaba de mochilera en compañía de tres amigos, todos del sexo masculino. Cuando el noviazgo se concretó, Paulo Honório comenzó a sentirse incómodo con la proximidad que Madalena tenía con los tres muchachos, pero nunca dijo nada.

Un día, él le preguntó a ella si había estado con alguno de esos amigos. "Ella se rio de mí y me dijo que dejara de hacerme el tonto. Eso hizo que yo escondiera todavía más estos celos".

Durante los diez primeros meses de noviazgo, él se tragó los celos, aunque se mantuvo discretamente alerta y vigilante frente a todo y todos.

La cosa comenzó a salirse de control cuando Magalhães (un rico empresario divorciado de 55 años que quería redecorar su dúplex a orilla del mar) buscó a Madalena. Era un trabajo que llevaría algunos meses y le había hecho a Madalena una propuesta financiera que no podía rechazar.

La joven compartía todos los pasos de la negociación con el novio. El día en que, finalmente, firmaron el contrato, el empresario invitó a la pareja a una cena repleta de vinos carísimos, en el mejor restaurante de la ciudad. Paulo Honório describió el evento con irritación como: "Una exageración. Yo jamás elegiría ese restaurante, mucho menos esos vinos. Menos mal que Magalhães no aceptó que compartiéramos la cuenta".

Tan solo un mes después de que comenzó la remodelación, Paulo Honório comenzó a desconfiar. "Yo pensaba que ella pasaba demasiado tiempo en aquel dúplex. Y cuando no estaba ahí, de vez en cuando me daba cuenta de que estaba respondiendo a los mensajes del tal Magalhães en el celular. ¿Cuál era la necesidad de pasar tantas horas dedicada a un solo trabajo?".

A partir de entonces, Paulo Honório comenzó a querer descubrir lo que estaba pasando. Empezó a prestar atención a la ropa que ella vestía para trabajar. "Siempre que iba a ver a Magalhães, salía linda, mucho más que de costumbre. Incluso comencé a averiguar los días en que ella iba a depilarse".

La búsqueda inicial para averiguar si había motivos para los celos no se detenía. "También registré sus cajones y vi que había comprado ropa interior nueva. Después descubrí la contraseña para desbloquear su celular y, un día, mientras se estaba bañando para ir a trabajar, leí un mensaje en el que Magalhães la llamada 'mi querida' ".

"Mi querida" fue la gota que derramó el vaso para Paulo Honório. Cuando Madalena salió del baño, él le dijo: "Hoy puedo llegar más tarde al trabajo, así que creo que voy contigo al dúplex. Me da curiosidad ver tu trabajo".

Al percibir que la muchacha se sintió incómoda con la situación, tuvo la certeza de que algo andaba mal. Madalena, incluso, trató de decirle que no era necesario. Paulo dijo con firmeza que iría de todas formas. Fue entonces que Madalena entendió lo que estaba sucediendo.

"Me dijo que lo que estaba haciendo era ridículo, que ese era su trabajo". Paulo Honório fue más allá y preguntó por qué estaba tan arreglada, maquillada y perfumada solo para ir a trabajar. Ciego y sordo por lo que sentía, abrió los cajones y le arrojó en la cara a Madalena la nueva lencería que ella había comprado y le preguntó si esas compras eran para que Magalhães aumentara su salario con horas extras.

"¿Acaso no viste que esa ropa interior todavía tiene las etiquetas? Ni siquiera la he usado, porque quería darte una sorpresa para tu cumpleaños...". Humillada y triste, Madalena comenzó a llorar.

Él reaccionó ante el llanto de la joven, volvió en sí y trató de disculparse.

"Sin querer escuchar nada más, me echó de casa y me dijo que o me trataba o ella nunca más iba a mirarme a la cara. Es por eso que vengo a consulta. Sé que no estoy bien y que necesito salir de esto. No quiero perder a la mujer que amo, si es que no la perdí ya", se desahogó Paulo Honório.

Tal vez estés pensado que este caso es muy extremo, y lo es. Pero, como dicen, quien ve lo mucho también ve lo poco. Entonces, veamos lo que podemos aprender de esta pareja, para que puedas reflexionar y prestar atención si hay algo parecido en tu relación.

Cuando la comunicación desaparece, el monstruo de los celos aparece

Y una de las primeras cosas que se pueden entender son las fallas al comunicarse. ¿Te das cuenta de que parecen haber existido desde el comienzo de esta relación? Paulo Honório no hablaba de su inseguridad y, en lugar de ello, vigilaba a la joven desde el comienzo del noviazgo. Y, cuando digo hablar, no es reclamar o exigir, es comunicarle al otro lo que se está sintiendo y pedir ayuda.

Cuando preguntó si Madalena había estado con alguno de los tres amigos, lo podría haber hecho de forma diferente, pidiendo ayuda. Algo que mostrara la inseguridad y fragilidad que estaba enfrentando, de manera que ella lo ayudara a lidiar con eso.

Madalena tampoco se dio cuenta de lo que él quería comunicar y se comportó de una forma que no fue muy útil. Simplemente se rio de él cuando le preguntó eso. La joven perdió una oportunidad de oro, ya que habría sido más enriquecedor para la relación si ella hubiera tomado la pregunta más en serio. Si lo hubiera hecho así, tal vez los dos podrían haber encontrado una excelente oportunidad para expresar lo que sentían al respecto y pasar a establecer límites sanos que orientarían el rumbo de la relación.

Vamos a aprender lo siguiente, si quieres relacionarte amorosamente con alguien, es necesario desarrollar una cosa que falta en el mercado y que se llama paciencia. **Porque cuando el otro promete estar a tu lado, ese vínculo debe construirse diariamente.**

Es por medio del diálogo que ustedes dos van a ser capaces de soportar las imperfecciones y fragilidades del otro. Los celos son la respuesta interna a una amenaza externa que está ligada, en gran parte, a la falta de paciencia en la comunicación y a la fantasía de que las relaciones ya nacen listas.

Esta fantasía, en cierta medida, se debe al hecho de que tu relación con tu padre y tu madre, o al menos en las formas y los roles, ya nació lista; ¿te acuerdas del triángulo de los celos edípicos que te expliqué? Por ello, para mucha gente, las relaciones pueden parecer algo que ya tiene el formato y el lugar de cada uno definidos desde el comienzo. Solo que esto es un error.

Los celos patológicos también pueden estar fuertemente ligados, muchas veces, a situaciones vividas en la infancia (como la sensación de abandono, la falta de afecto, la falta de atención por parte de los padres, entre otras). Hay quien dice que tiene celos porque ya pasó por muchas traiciones y que eso nada tiene que ver con la infancia.

De hecho, haber sufrido una traición deja cicatrices, pero eso no quiere decir que seas una persona vulnerable o psicológicamente inmadura. Entonces, sería bueno preguntarse si los celos generalizados que atribuyes a traiciones pasadas no habrán, en realidad, reabierto heridas infantiles que ya estaban ahí, en tu inconsciente.

Si fuera así, serías capaz simplemente de decir que quien te engañó no es buena persona y punto, la vida sigue. Y no seguirías cargando eso en el alma, creyendo que el mundo entero está hecho de personas traicioneras. Tener celos desmedidos habla más de fantasmas muy antiguos que cargas y que te provocan ansiedad, que de dolorosos engaños sufridos en la vida adulta.

Paulo Honório descubrió, a lo largo de la terapia, y entendió que otro sentimiento que estaba alimentando sus celos descontrolados era la envidia. Magalhães llevaba una vida con recursos y lujos que a muchos les gustaría tener. Y Paulo Honório se veía en una posición inferior cuando se comparaba con Magalhães. Cuando la inseguridad y la envidia caminan juntas, es muy difícil mantener la cabeza fría.

> **AHORA, RESPONDE:** ¿cuántas veces, detrás de tus celos, estaba escondida la envidia o el rencor por esa persona que considerabas tu oponente?

Como ves, los celos de Paulo Honório comenzaron con esa inquietud y se fueron manifestando de pequeñas maneras, como una leve molestia, hasta que culminan en una explosión. La lencería, las citas de depilación, el trabajo excesivo, los mensajes en el celular, todo parecía tan claro para él, ¿no?

Cuando la cosa llega al caso extremo, los celos se vuelven algo semejante a un delirio paranoico. Las "pistas" aparecen en todas partes, y todo comienza a "tener sentido" en la fantasía de quien siente celos.

Si, por ejemplo, la persona celosa va a verificar todos los días si su pareja está donde dice estar y ella siempre está ahí, eso no sería una prueba de fidelidad. Probablemente, el individuo celoso va a pensar que no fue a comprobar en el día exacto y que la persona "traicionera" están teniendo suerte incluso en ese momento. Es decir, imposible probar el no hecho.

Si te relacionas con alguien que tiene pequeños "ataques" de celos por aquí y por allá, algo que hasta puede parecerte lindo a veces, ten cuidado con eso. <u>Discutir abiertamente sobre el problema es lo mejor que se puede hacer.</u>

En este tipo de charla, es importante evitar comportamientos destructivos, como amenazar al otro con terminar la relación. Conversar sin miedos ni tabúes sobre cualquier tema, incluso sobre los celos (que hoy en día mucha gente tiene vergüenza y recelo de aceptar) ayuda a la estabilidad de la pareja y refuerza sus lazos afectivos. Recuerda que los celos son como la masa de un pastel grande en un molde pequeño. Van a crecer con el calor de la relación hasta desbordarse y provocar un gran desastre.

Antes de que continuemos con esta charla, vamos a revisar el desahogo que escuché durante una de las sesiones con una paciente a quien llamaremos Leila. Casada hacía tres años y sin haber sido engañada por su marido, ella sentía unos celos que la perturbaban.

"Ya no sé qué hacer. Hace tiempo que vengo tratando de cambiar mi forma de ser. Siento que esto me está haciendo mal. Soy celosa al punto de inventar cosas en mi mente. Siempre fui muy posesiva y mis emociones suelen manifestarse de forma extrema... Por Dios, es horrible, a veces me resulta difícil incluso respirar. Sé que, además de perjudicarme, esto también está acabando con mi matrimonio. Quiero cambiar, pero ¿cómo? ¿Qué puedo hacer para superar estos celos? Ayer mi marido salió del trabajo a las 4 de la tarde y fue a jugar fútbol con sus amigos. Eso ya fue suficiente para que yo perdiera el apetito y me quedara con dolor de estómago. Pero ¿por qué? Aunque él no me dé motivos, simplemente no le creo. Ya no quiero ser así, por mí misma, es tan feo quedarme sintiendo todo esto...".

Es curioso observar que Leila no logra digerir tanta angustia y, no por azar, esto acaba somatizado como un dolor de estómago. Al mismo tiempo, tampoco logra confiar ni ver la verdad en las palabras ni en los comportamientos de su marido.

Lo que ella no era capaz de entender es que no tenemos control alguno sobre la vida o el comportamiento de los otros. Objetivamente hablando, cuando entramos en una relación, el único control que tenemos, en realidad, es el de querer estar o no en la relación. Solo eso.

Por lo tanto, aprende una cosa: creer en el otro es una elección. Puede parecer extraño, pero es exactamente eso.

Veamos algunos ejemplos. Si el celular está apagado, la persona puede estar sin señal. Si el auto está en el estacionamiento del trabajo, el otro puede estar ahí o no. Si dice que está en el tráfico y le pides que toque la bocina solo para confirmarlo, puede estar tocándola desde dentro del estacionamiento de un motel o no.

En síntesis, creer o desconfiar será siempre una elección tuya, con pocas posibilidades de verificar la realidad.

Si pudieras creer con pruebas materiales en las manos, hay una buena posibilidad de que enloquezcas en esa fatigosa búsqueda por la verdad absoluta, o de que vivas en soledad.

Aprovechando el caso de Leila, vamos a retomar la pregunta que me hizo ("¿Qué puedo hacer para superar estos celos?") y trataremos de generar algunas respuestas posibles. Estoy seguro de que también aprenderás mucho con esto.

Cómo desarmar la bomba atómica de las relaciones

▶ **Descubre tu valor**

Antes que nada, es necesario trabajar la autoestima y aprender a amarse a uno mismo. Por lo tanto, cultiva la confianza en ti mismo. Leila fue descubriendo en las sesiones lo frágil que era su autoestima. Tanto que vivía asfixiada con la amenaza de que su marido podría cambiarla por alguien más interesante, al punto de que cualquier salida de él solo con los amigos, incluso un simple partido de fútbol, la dejaba en una situación emocional muy incómoda.

Algo similar sucedía con Paulo Honório, que se sentía rebajado frente al poder económico de Magalhães. Lo que Paulo no percibía era que el dinero de Magalhães se mezclaba con su propia autoestima, no con el deseo sexual de Madalena.

Si no tienes confianza en ti mismo, vas a sentirte poco interesante o inferior y cualquier otra persona te parecerá amenazante, pensarás cosas como: "Puede cambiarme en cualquier momento, porque siempre van a existir personas mucho mejores, más atractivas o más ricas que yo".

Entonces bastará una sonrisa de más de otra persona en dirección a tu pareja para que comiences a pensar tonterías y hasta te los imagines juntos, mientras tú eres un mar de lágrimas. Es hora de comenzar a separar la fantasía de la realidad.

Entonces, mírate ahora y métete en la cabeza que si tu pareja te engaña con quien sea (o incluso si te cambia por otra persona) pierdes con esa situación, pero quien te deje va a perder todavía más.

Porque eres capaz de amar, de desear a esa persona que estaba a tu lado, de cuidarla y de dedicarte a ella de un modo único. Y si ella quisiera desperdiciar todo eso, es su problema. Si esa persona no sabe o ya no quiere recibir lo mejor que tienes para dar (aunque eso pueda afectarte), no es tu problema en la medida en que el sentimiento y el deseo del otro están totalmente fuera de tu control.

También, deja de pensar que tu valor depende del hecho de que esa otra persona te quiera o no. Nunca te sientas menos. Tu valor existe, es tuyo y no te lo ha dado nadie. Mientras no lo encuentres, mientras te sigas sintiendo al final de la fila, casi perdiendo tu lugar, vas a continuar sintiendo celos hasta del viento.

Y, aunque finjas que te gustas o te sientes superior, eso va a salpicar a todo el mundo a tu alrededor, y las personas (a veces hasta inconscientemente) van a percibir tu mala autoestima enmascarada. Entonces, nada de actuar con falsedad. Cambia de verdad, por dentro, tu modo de percibirte.

▶ **Descubre que ya eres una persona adulta**

Otro motivo para sentir celos exagerados es que algunas personas no se dan cuenta de que ya son adultas.

> "¿Cómo es eso de que no sé que soy una persona adulta?"

Es exactamente así, no lo sabes. Porque, si lo supieras, no repetirías un comportamiento típico de los niños. Te lo explico: es normal para un niño de 1, 2 o 3 años de edad tener pánico de ser abandonado, cambiado o dejado de lado. En su cabeza, hay miedos e inseguridades del tipo: "Mamá ya no me besa como antes", "Ya no me deja dormir en su cama", "Ya no pasa tiempo acostándome y se va enseguida para quedarse con papá o prefiere ver tele".

También puede ser que para ti "amor" rime con "abandono", porque en tu infancia alguien que amabas desapareció de repente de tu vida (porque falleció o porque simplemente se fue). Este tipo de sentimientos es completamente normal en un niño, porque, si fuera abandonado por quien ama, no tendría cómo sobrevivir ni física ni psicológicamente.

Pero hay muchos adultos que crecieron con ese miedo a ser abandonados. Si ese fuera tu caso, detente. Es hora de comprender que ya no tienes 2 años, que sobreviviste al abandono, sabes cuidar de ti, puedes rehacer tu propia vida e, incluso, encontrar nuevos amores. Entonces, esa idea de que hay que vigilar cada paso que la otra persona da porque no soportarás vivir sin ella es, en el fondo, solo un eco de tus fantasías de infancia.

Ya que dejamos en claro que eres una persona adulta, no permitas que los celos se manifiesten de forma infantil. Así que, nada de investigar todo el tiempo en las redes sociales, criticar los gustos de los otros o hacer declaraciones excesivas en cada foto que sube tu pareja, como si estuvieras "marcando territorio".

Seguir a la persona hasta el trabajo, tratar de descubrir la contraseña del celular o de las redes sociales también son comportamientos muy corrosivos para la relación y que solo van a alimentar todavía más la fantasía de los celos.

Nada de decir palabrotas o utilizar el sarcasmo, tampoco. Si la persona elogia a un compañero nuevo de trabajo que es inteligente, no caigas en el drama diciendo cosas del tipo: "Ah, si te parece tan inteligente, sal con él". Eso, además de hacerte parecer un niño, obstaculiza el surgimiento de una comunicación madura en la pareja.

▶ **Descubre otro nivel de amor**

Otra razón importante que puede estar esclavizándote a los celos es el hecho de no lograr pasar, dentro de ti, a otro nivel de amor. Y estoy hablando de un amor más maduro, que nace cuando logramos dejar la posesividad.

Si digo que amo a alguien, pero paso rápido del amor a la rabia descontrolada, o a la persecución y al deseo de lastimar o de vengarme del otro por los celos, acordemos que eso no es amor. Quien ama no vive tratando de poner al otro en una jaula. Porque amar de verdad es amar la libertad del otro y la propia. Y, para vivir así, repito, es necesario tener confianza en uno mismo. Es necesario amarse.

Entonces trata de meter en tu cabeza estas tres cosas que necesitas hacer para terminar con ese comportamiento celoso y fuera de lugar.

1. Asume en tu interior que tus celos son irracionales. Reconoce que es un problema y que necesitas cambiar ese aspecto de tu vida para poder vivir en paz con el otro y contigo mismo.

2. Comienza un trabajo de desarrollo de la confianza en ti mismo. Escribe una lista de cosas que son difíciles para ti y trata de empezar a superarlas. Por ejemplo, hablar en público (si eso fuera complicado para ti), ir al cine sin compañía (si esto te avergüenza o te causa inseguridad)... En fin, ponte desafíos para mejorar tu confianza. Eso, en consecuencia, va a mejorar tu imagen de ti mismo.

3. Cuidado con los pensamientos automáticos de desconfianza. Los celos nos llevan a ver todo y a todos los que se acercan a quien amamos de forma bastante negativa. Cualquier comportamiento parece un ataque, una amenaza en tu contra o en contra de tu relación.

Por ejemplo, si tu pareja le dio aventón a alguien del trabajo en su auto y comienzas a pensar cosas del tipo: va a surgir una oportunidad, el que llevara a esa persona en su auto fue solo un pretexto, están coqueteando... Detente, porque esa es una forma automática de pensar. En lugar de ello, respira profundo y date cuenta de que la situación está siendo un detonante para tus viejos hábitos de desconfiar de todo. Desarma esa bomba mental invirtiendo la idea. Colócate en el lugar de la otra persona y piensa que podrías ofrecer llevar a compañeros sin coquetear o sin querer tener sexo con alguien, a fin de cuentas, es normal que los compañeros se ofrezcan a darse aventón.

También ayuda (cuando vengan tus viejos pensamientos de desconfianza) recordar los buenos momentos que ya viviste con quien amas. Piensa en la complicidad que ya experimentaron juntos. En otras palabras, confía en ti, sé libre, vive y deja al otro vivir.

•••••••••••

CUANDO SALIMOS DE LA FANTASÍA HACIA LA REALIDAD, ES POSIBLE PENSAR MEJOR Y ENTENDER QUÉ PASA EN LA RELACIÓN QUE ESTAMOS VIVIENDO. ESO AYUDA, Y MUCHO, A GESTIONAR LOS CELOS Y A SER MÁS FELIZ. PERO, COMO NO TENEMOS CONTROL DE LO QUE EL OTRO VA A HACER, PUEDE SUCEDER QUE SEAS VÍCTIMA DE UN ENGAÑO. ¿Y SI SUCEDIERA ESO? ¿TIENE REMEDIO? ¿CÓMO SUPERAR UNA INFIDELIDAD? QUÉDATE CONMIGO PORQUE CONVERSAREMOS SOBRE ESTO EN EL PRÓXIMO CAPÍTULO. ¿VAMOS?

•••••••••••

....

TRAICIÓN: EL AMOR EN LOS TIEMPOS DE LA INFIDELIDAD

"Te perdono
por contar mis horas
en mis demoras por ahí.
Te perdono.
Te perdono porque lloras,
cuando lloro de risa.
Te perdono
por traicionarte".

CHICO BUARQUE, "Mil perdones"

¡**EL FANTASMA** de la traición siempre asusta! A tal punto que no es actual, está presente en la vida de las personas y en el imaginario social promedio del cine, del teatro y, claro, de la literatura. Es imposible encontrar a alguien que no haya traicionado o sido víctima de algún tipo de traición. Así como los celos, la traición también puede tener diferentes fuentes y destinos.

Incluso la Biblia está repleta de situaciones que están relacionadas con la traición. Casi todo el mundo conoce la historia de Caín (que traicionó a su hermano Abel y lo mató) o la de Judas (que vendió a Jesús a los romanos) o la de Dalila (que contó el secreto de la fuerza de Sansón a los líderes de los filisteos). Estos pocos ejemplos ya muestran que la variedad de tipos de traición y de motivos para traicionar es enorme. Aquí, claro, estamos interesados en hablar sobre la traición conyugal, cuya frecuencia es mucho mayor de lo que uno imagina.

Alfred Kinsey demostró que en los años cincuenta el 50% de los hombres y el 26% de las mujeres en Estados Unidos habían tenido relaciones extramatrimoniales. Entonces, puedes concluir que la idea popularmente aceptada de que los hombres traicionan más que las mujeres es correcta. Pero, antes que te emociones con esta deducción, veamos datos más actuales. Según el Centro Nacional de Estudios de Opiniones de la Universidad de Chicago, en 1972, cerca del 26.5% de las mujeres entrevistadas no les parecía nada grave tener sexo fuera del matrimonio. Cuarenta años después, en 2012, ese número había ascendido a 56%.

También hay un estudio realizado en 2012 por IllicitEncounters.com, sitio de encuentros extramaritales de Reino Unido, que muestra que casi el 38.8% de las mujeres ya había estado involucrado sexualmente fuera del matrimonio con un compañero de trabajo, mientras que el 30.7% de los hombres declaró haber hecho lo mismo.

Estos datos tal vez te lleven a concluir que los matrimonios de hoy en día apenas funcionan y que las personas traicionan cada vez más porque son infelices en sus relaciones, ¿no? Falso. En realidad, la relación entre traición y parejas infelices parece no ser tan clara cuando observamos los datos de un estudio hecho en 2010 por Helen Fisher, de la Universidad de Rutgers, en Nueva Jersey. Ahí quedó demostrado que el 56% de los hombres y el 34% de las mujeres que tuvieron relaciones extramaritales respondieron que vivían en un matrimonio feliz o muy feliz.

No me voy a detener a discutir los datos, pues solo estoy mostrándote fragmentos de la investigación. Mientras, parece que nuestro querido Marcos Caruso tenía razón al elegir el título de su famosa obra teatral *Engañar y rascar es solo el comienzo*. Pero ¿qué alimenta esa comezón de querer traicionar?

Vamos a tomar como punto de partida el discurso de un paciente que, en su primera sesión de psicoterapia, me dijo lo siguiente:

"Mi relación desde siempre está en crisis. Ya engañé a mi esposa varias veces y, aunque ella termina perdonándome cuando me descubre, nuestra vida se ha vuelto un infierno.

Siento que nuestro matrimonio se está desgastando. Amo a mi esposa y no quiero que me deje, pero sé que nuestro matrimonio no va a soportar por mucho más tiempo mi necesidad de ser un conquistador. Trato, pero no lo logro, de ser diferente. Por eso estoy aquí. Quiero y necesito cambiar".

No puedo evocar el discurso de ese paciente sin pensar en Don Juan, sin duda el seductor compulsivo e infiel más conocido de la literatura. Aunque la imagen de él está, en general, más asociada a los hombres, es algo que puede ser experimentado por personas de ambos géneros. Este fenómeno pasó a ser denominado como el "síndrome de Don Juan".

Quienes tienen ese "síndrome" saben conquistar manipulando las emociones de la gente. Pero, en cuanto lo consiguen, ya tienen en la mira a otra persona y a otra y a otra más. Así, él (o ella) continúa seduciendo, siendo infiel y dejando atrás corazones desesperados en medio del camino.

Es el tipo de persona que cuando logra conquistar y siente que la otra persona está con él o ella, pierde el interés. Incluso se puede casar, amar a la pareja y tener hijos (a los que se dedica). Él o ella tan solo no logrará ser fiel ni sumergirse, realmente, en una relación monógama, en una entrega de pareja, sin mentiras.

¿Por qué algunas personas (incluyendo este paciente mío) se comportarían como Don Juan? Si recuerdas el triángulo edípico (padre, madre e hijo) que expliqué en el capítulo en el que hablé de los celos, vas a entenderlo con más facilidad: quien se comporta como un Don Juan es una persona inmadura. Y es en esa búsqueda del amor materno o paterno que el individuo no va a medir los esfuerzos para seducir a muchas de las personas que se crucen en su camino.

El problema es que, cuando "mamá" o " papá" se enamoran de ti (representados, en la fantasía inconsciente, por los hombres o las mujeres con las cuales se establece un vínculo amoroso), la única opción es huir de esas relaciones, inconscientemente incestuosas. Creo, querido lector (o querida lectora), que ya escuchaste hablar de parejas que, principalmente después del nacimiento de los hijos, se olvidan de las expresiones como "mi amor", "querida", "cariño" y comienzan a llamarse "cariñosamente" "papá" y "mamá". ¡Cuidado! Porque eso, en realidad, está sepultando la vida erótica que podría existir entre ustedes.

Es por eso por lo que algunas personas solo logran establecer relaciones amorosas superficiales y poco duraderas, porque viven atrapadas en ese círculo de conquista y traición. Y, entonces, o abandonan al otro, o generan un ambiente negativo "a propósito", solo para que las abandonen o las eximan de la responsabilidad de la relación. Y era exactamente esto lo que mi paciente, de manera inconsciente, estaba buscando con sus infidelidades. Que lo dejara la "esposa-madre" con quien se había casado.

Reflexiona conmigo: cuando comenzamos esta charla sobre la traición, apuesto a que te vinieron a la cabeza las infidelidades como la del gran conquistador escondido en el clóset o debajo de la cama, incluso la de la persona que dice que está trabajando "horas extras" y llega a la casa a las cuatro de la mañana sin dar explicaciones. De hecho, cuando las personas piensan en la infidelidad, son este tipo de escenarios los que se imaginan. Y esa representación de la infidelidad encuentra sostén en la forma en que la sociedad está estructurada.

Además del estilo donjuanesco, hay muchas otras formas en que se vive, se expresa y se busca la infidelidad conyugal.

De esta manera, en 2008, la campaña del sitio Ashley Madison, que promueve encuentros extramaritales sin el riesgo de ser descubierto, atrajo la atención de la sociedad estadounidense con el eslogan: "La vida es corta. Ten una aventura". Esta frase, que generó mucha polémica, apareció escrita en inglés (*Life is short, have an affair*) en los anuncios luminosos de la concurridísima Times Square, en Nueva York. Hoy, el sitio acumula más de 45 millones de suscriptores en todo el mundo, incluso en Brasil, el segundo país con más usuarios de esa herramienta.

La página principal del sitio muestra el siguiente texto:

Conocer a alguien en el trabajo o por medio de amigos es muy arriesgado cuando la discreción es tu principal preocupación. Muchos visitaron los sitios tradicionales de citas online pero tuvieron dificultades para encontrar personas que buscaran una relación parecida. Entonces, Ashley Madison se creó como el primer sitio abierto y honesto sobre lo que podrías encontrar ahí: personas con las mismas intenciones en la búsqueda de relaciones entre personas casadas.

Está claro que, incluso antes de que existiera esa aplicación, las personas ya tenían (siempre han tenido) artimañas para ser infieles. Cuando todavía no existía el teléfono celular, los encuentros se agendaban en conversaciones a media voz en el teléfono del trabajo o, incluso, se inventaba una excusa para ir al teléfono público de la esquina y gastar un montón de dinero. Así pues, el deseo de engañar es tan viejo como el sexo mismo. Lo que cambió hoy tan solo fueron las circunstancias sociales y tecnológicas que ahora son mucho más favorables para "concretar" el encuentro.

Entonces, con tantas formas y posibilidades diferentes de engañar (y sabiendo que lo que significa infidelidad para una persona puede no serlo para otra) parece justo preguntar: ¿cómo se puede definir lo que es una infidelidad conyugal? De manera simplificada, podemos decir que es todo aquello que tú o la persona con quien te relacionas hace, pero que está fuera de lo que ustedes acordaron que estaba permitido en la relación.

Entiendo que, en la mayor parte de las relaciones, es muy probable que nunca hayan conversado y acordado algo sobre este tema. Pero detente para reflexionar: si nunca han conversado sobre las reglas del juego, ¿cómo están jugando? ¿De la manera que es mejor para ustedes o están obedeciendo el modelo de fidelidad que la sociedad determinó que debería seguirse?

Si me acompañas desde el comienzo, recordarás que en el capítulo sobre el peligro de las relaciones de cuentos de hadas llevé tu atención al hecho de que existen tantos tipos de relaciones como parejas en el mundo, y que es un peligro para cualquier pareja continuar viviendo en formatos de relación que la sociedad les ha legado, en lugar de aprender a comunicar los deseos de cada uno, sin máscaras ni velos preconcebidos. Entonces, aunque los otros o la sociedad no entiendan, son ustedes quienes necesitan determinar lo que es la infidelidad y el amor en la relación.

Y la forma de decir esto es sin esconder de quien amas lo que realmente quieres y deseas ser y vivir como persona y como pareja. Muchos engaños suceden simplemente porque ustedes no se detienen a establecer las reglas de su juego. Entonces, el sexo fuera de la relación quedó, debido a las convenciones, como *engaño*, en letra cursiva, cuando en realidad, puede (dependiendo de lo que eso signifique para cada miembro de la pareja) ser apenas un detalle.

Puedes incluso decir que tener sexo con otra persona es infidelidad conyugal y que eso no se discute. Calma. De hecho, para la mayoría de las personas, el sexo o el intercambio de afecto con terceros se toma incluso como engaño, no estoy negando eso. Lo que estoy diciendo es que tu pareja, o incluso tú, puede desear a otras personas (y después de cierto tiempo de relación, sentirlo es casi inevitable), pero si ustedes no conversan sobre este tema y no resuelven en conjunto qué hacer con esos deseos, ambos van a direccionar esas ganas hacia alguna alternativa. Lo que muchas veces termina siendo una traición.

Tal vez nunca te hayas detenido a pensar si considerarías traición otros comportamientos que pueden estar en la rutina de tu matrimonio. Ver películas porno, masturbarte, ir al cine sin la otra persona, bailar con una amiga nueva (con el otro estando presente o no), mirar fotos de otras personas en las redes sociales, mantener charlas con una expareja que es una amistad, usar emoticones de corazones con otras personas en internet, publicar fotos sensuales en el propio perfil, no usar la alianza, no esperar para ver el nuevo episodio de la serie que tanto les gusta a los dos... Esos son solo ejemplos, pero ¿te diste cuenta de cómo la lista de posibles traiciones es grande y no se relaciona necesariamente con el sexo con otra persona?

Cuando el sexo con terceros no es el problema

Para que veas que una infidelidad amorosa no siempre significa infidelidad sexual, te voy a contar otro caso que llegó a mi consultorio. Llamaré a los miembros de la pareja Alice y Daniel.

Alice y Daniel se conocieron en un festival de cine francés, que a ambos les gustaba, y que se celebraba todos los años en la ciudad donde vivían. Fueron novios, con el paso de los años, se comprometieron y se casaron. Alice fue notando que, además del gusto por las películas francesas, a Daniel también le gustaba variar las cosas en el sexo, con otras personas.

Desde el comienzo de la relación, conversaron sobre ese tema. Fue una novedad que le dio miedo a Alice, pero después de analizar detenidamente la situación en terapia, se dio cuenta de que la idea no le causaba celos y que también experimentaba esos sentimientos, solo que nunca había osado confesarlos. En realidad, solo le preocupaba una cosa: que Daniel tuviera sexo seguro. Por ello, establecieron reglas claras. Ambos podrían salir con otras personas, siempre que las vieran una sola vez, nunca intercambiaran números de teléfono y jamás tuvieran sexo sin preservativo.

El cuidado de la salud de los dos era tanto que ella misma empezó a dejar preservativos en la maleta de él cada vez que él tenía que viajar por trabajo.

Cuando Daniel salía para "tomar algo con los amigos", Alice también le dejaba condones en los bolsillos de los pantalones. Él se dio cuenta de lo que Alice estaba haciendo, lo entendió como parte de las reglas que ambos habían acordado y nunca cuestionó nada al respecto.

Entonces me imagino que ya estás tratando de etiquetar el matrimonio de Alice y Daniel como uno "abierto", ¿verdad? Pero ellos no pensaban que fuera así. Para ambos, la relación estaba bastante cerrada. Había mucho amor entre los dos y no entraba nadie más en términos afectivos. Ellos consideraban que su relación era honesta. Pero calma, incluso en relaciones en las que el sexo con terceros no es una prohibición o un tabú, las flores también tienen espinas.

Vivieron felices hasta un día en que tropezaron con un enfrentamiento emocional. Sucedió cuando llegó junio y con él vino una nueva edición del festival de cine francés al que ellos iban siempre juntos. Esto era casi la celebración de una nueva boda para la pareja. Elegían juntos las películas que querían ver y armaban la programación según las agendas de trabajo de cada uno. Algunas películas eran exhibidas en una función única y ese año la película que más querían ver los dos se proyectaba en el horario de guardia de Alice (quien era enfermera). Por ese motivo, ella trabajó malhumorada ese día y, como si eso no fuera suficiente, cuando llegó a la casa se enteró de que Daniel había ido a ver la película con otra persona. Con una amiga de la pareja que le caía bien a Alice y que, como ella sabía, no estaba involucrada sexualmente con él.

Tuvieron una gran pelea, la primera realmente seria desde que se habían conocido. Incluso al día siguiente, en la sesión que tuvo conmigo, ella seguía furiosa.

> "Esa película era nuestra. Ir al festival era parte de nuestra intimidad afectiva y él simplemente no tenía derecho. El sexo con extraños es un deseo de momento que cualquiera puede sentir, no me importa. Pero eso que hizo, lo sentí como un engaño", remató Alice.

Este ejemplo es solo para que entiendas que la traición puede darse de varias maneras en una relación y que ello ciertamente va mucho más allá de cuestiones ligadas al sexo. La verdadera traición está relacionada con la ruptura de un acuerdo. Si ese acuerdo no está construido, el silencio da voz a la mentira, al egoísmo y a la falta de responsabilidad con el papel que cada uno tiene en la relación.

Es posible que te parezca que Alice no tenía motivo para provocar una discusión alrededor de algo que, para ti, tal vez sea muy simple, pero ella se sintió realmente traicionada. Porque creía que, si uno de los dos no podía ir a las funciones, ambos deberían renunciar a ir y ver la película en casa juntos, cuando estuviera disponible vía *streaming* o cuando la pasaran por televisión, como ya había sucedido antes. Para ella, se había violado un tipo importante de complicidad e intimidad.

Recuerda que gran parte de los problemas de una pareja está en lo que no se dice o no se acuerda. Seguramente, ya conociste a alguien que pasó por un divorcio. ¿Qué suelen hacer las parejas en ese momento? Es la hora de la verdad. Se dicen uno al otro lo que siempre quisieron decirse, los resentimientos, los reclamos de todo lo que les hubiera gustado que el otro hiciera o exigen, finalmente, que las reglas del juego se establezcan. Definen lo que el otro tendrá derecho a hacer o a tener, a qué hora, en qué día, principalmente si tienen hijos. Solo que ese "contrato", al final de la relación, viene firmado por un juez. Lamentablemente, la verdad de lo que las personas sienten solo acaba siendo utilizada como arma de destrucción, cuando los dos lados ya están profundamente heridos.

Entonces, evita los códigos de silencio, que dejan a la relación en un estado muy delicado. Y, sí, ese comportamiento puede dar pie a que suceda una traición. En una relación, puede funcionar todo, menos lo que no está acordado.

Otro punto importante para conversar es la ilusión de que en la traición solo existen consecuencias para el traidor si el otro lo descubre. Eso definitivamente no es verdad. Aunque el otro nunca se entere de tu mentira, sabrás que lo traicionaste y pagarás un precio muy alto por ello dentro de la relación. Ese precio será nunca lograr confiar en quien amas.

Reflexiona conmigo: si la persona que traiciona siempre se las ingenia para explicar la falta de cobertura del teléfono, encuentra una disculpa rápida para ese WhatsApp fuera de contexto, se esmera por eliminar todos los rastros..., tampoco creerá en nada de lo que el otro le diga.

Quien miente nunca cree en la verdad de la otra persona porque la mide con la vara de su propia deshonestidad. Y va a vivir atormentado por la idea de que la otra persona lo engaña de la misma manera. El castigo de quien engaña es vivir pesando que es o será traicionado en cualquier momento.

Bueno, ahora que aprendiste a ver la traición desde otro punto de vista y a tratar de evitarla estableciendo reglas habladas entre la pareja, cabe aclarar que no existe en realidad nada que garantice que no te traicionarán, ¿verdad? Y si la otra persona rompe el acuerdo que ustedes (no la sociedad) establecieron, ¿cómo reaccionar? Separé aquí algunos consejos para que evalúes y replantees tu lugar en la relación.

Superando las heridas de la traición

▶ **El perdón**

Ser traicionado es algo terrible. Sientes un vacío, casi como si tuvieras un agujero en el alma. Sin embargo, no importa si vas a poner punto final o si vas a tratar de reconstruir la relación, la primera cosa que tienes que hacer es... perdonar. Parece extraño, ¿verdad?

Pero me refiero a perdonar del modo correcto y no como las personas piensan que es. Perdonar no significa olvidar lo que el otro hizo, ni querer seguir viviendo con quien te lastimó o rompió las reglas que habían establecido. En realidad, perdonar no tiene nada que ver con el otro. Perdonar es un regalo que te das a ti mismo, porque vas a librarte de los sentimientos tóxicos que pueden hacerte mal.

Perdonar no hará inocente a la otra persona, pero te liberará. ¿Sabías que existen muchas formas de aferrarse a una persona y que el amor es solo una de ellas? También puedes aferrarte a alguien por la rabia, el odio, la lástima, un deseo de venganza, etc. Son sentimientos negativos, pero que te mantienen ligado a quien traicionó. Es la historia de cuando bebes veneno y esperas que el otro se muera. Por eso, perdonar es tan importante, ¿lo entiendes?

Reconoce que el otro se equivocó y que fuiste víctima de una injusticia, pero, en lugar de quedarte obsesionado buscando maneras de castigar al otro, concéntrate en cuidarte, ya que eres la persona herida y lastimada.

No dejes que la deslealtad, el cinismo o la frialdad se apoderen de tu corazón. Acepta tus propias penas. Si culpas al otro todo el tiempo solo vas a empeorar las cosas: los sentimientos de odio y de venganza acabarán destruyendo tu alma sin que te des cuenta. ¿Ya entendiste por qué lo primero que hay que hacer es perdonar?

▶ **Asegúrate de que los sentimientos sean tuyos**
Cuando traicionan a alguien, la historia casi siempre viaja rápido a los oídos de la familia y de los amigos. Si ese fuera el caso, asegúrate de que tus pensamientos y sentimientos con respecto a esa traición sean realmente tuyos.

Me explico: las personas a tu alrededor van a tratar de darte el mayor apoyo posible, y eso es genial, claro. Pero el problema es que, porque te quieren, van a sentir rabia y comenzarán a atacar a quien te traicionó, con frases del tipo: "Esto no tiene perdón", "Si vuelves, es porque eres muy tonto", "Te mereces algo mejor", "Quien engaña una vez, lo volverá a hacer", etc.

Cuidado, porque esa rabia ajena es muy contagiosa. La única persona capaz de saber cómo debes comportarte frente a una traición eres tú. Porque quien dormía, se despertaba y compartía la vida con su pareja eras tú.

Además, las reglas de lo que puede haber sido una traición son de ustedes y tienen matices. Es decir, una traición que puede parecerte leve; para tus parientes o amigos, puede ser motivo de una guerra de suposiciones e intromisiones. Por ello, vale la pena considerar la traición dentro del contexto de su vida y de los acuerdos que hicieron. Por más bien intencionados que los otros sean, las elecciones deben ser siempre tuyas.

▶ **Siempre ten confianza en ti mismo**
Después de descubrir que quien amas rompió las reglas de la relación, trata de restablecer la confianza en ti mismo, trata de evitar cualquier sentimiento de culpa. Es común, frente a una traición, caer en sentimientos del tipo: "La culpa es mía, debería haber prestado más atención", "Si hubiera adelgazado", "Si fuera mejor en la cama". El hilo de martirios y de culpas autoinflingidas puede ser muy largo y desgastante.

Alto ahí. Este tipo de pensamiento solo sirve para destruir la confianza en ti mismo. Si fue tu comportamiento o tu apariencia o tu desempeño sexual lo que hizo que el otro te traicionara, en lugar de traicionarte, debió haberte buscado y conversado sobre lo que estaba sintiendo o sobre lo que le molestaba.

Si el otro silenció sus propias molestias y trató de resolverlas rompiendo el acuerdo que tenía contigo, la inmadurez fue de esa persona, no tuya. Cuidado con sentir culpa porque la otra persona te traicionó, eso es lo más injusto que puedes hacer contigo mismo.

▶ **La ignorancia es una buena amiga**

Aunque sea una tentación, no quieras saber los detalles de cómo se dio todo, o saber dónde, cuándo o cómo sucedieron las cosas. En la práctica, eso solo te va a hacer sufrir todavía más, además, no te va a servir para nada. Buscar detalles de la traición puede llevarte a desarrollar pensamientos obsesivos. Por ejemplo, saber que se encontraron en un determinado lugar, puede hacer que revivas todo tu sufrimiento siempre que pases por ahí. O incluso peor: puede ser que sufras cada que pases por un lugar parecido.

Entonces, elige la ignorancia con respecto a los detalles. El agujero emocional que estás sintiendo ya es bastante profundo.

▶ **La traición no fue un acto en tu contra**

"¿Cómo que no fue en mi contra? ¡La persona traicionada fui yo!".

Lo que quiero decir es que la traición no fue planeada para lastimarte. Tu dolor es la consecuencia de la traición, pero no era el objetivo de ella. Quien te traicionó hizo eso por falta de carácter, falta de comunicación o por cualquier otro motivo, pero tu dolor es un efecto colateral de la deshonestidad del otro.

¿Y por qué lo que te estoy diciendo es importante? Porque hay que entender que no eres un objetivo que la otra persona haya elegido deliberadamente para derribar. Esa idea muchas veces ayuda a ordenar tus sentimientos y a bloquear pensamientos destructivos.

▶ **Confía: tu dolor va a pasar**

Sí, va a pasar, pero no esperes estar mejor después de algunas horas o de algunos días. Eso va a llevar tiempo, pero no hay tormenta que dure para siempre. Y si hasta vivir la rutina es algo difícil después de que descubriste la traición, piensa en objetivos más fáciles o haz solo la mitad de lo que hacías antes de que esa herida se abriera en ti.

No existe una regla universal que defina cómo debemos actuar en el momento de descubrir una traición, pero una cosa es segura: después de eso, la relación y los acuerdos hechos (o incumplidos) deben ser ampliamente repensados y discutidos.

Entonces, nada de actuar teniendo como guía el impulso del momento. Cuando estás furioso, no piensas claramente, y es probable que termines haciendo o diciendo cosas de las que después te vas a arrepentir o que incluso tomes decisiones que más tarde descubrirás que eran las equivocadas.

El odio es grande, entiendo, pero trata de tener paciencia contigo mismo, espera a que tus ideas se ordenen, que tu cerebro vuelva a un ritmo normal. No tienes que posicionarte de forma urgente ni definitiva frente a una traición. El tiempo para decidir eso es tuyo y cada persona tiene un ritmo y una velocidad propios. Entonces, no seas esclavo de tu rabia y aprende a esperar por ti.

• • • • • • • • • • •

CUANDO HABLAMOS SOBRE LA IMPORTANCIA DE
GARANTIZAR QUE LO QUE SIENTES SEA REALMENTE
ALGO TUYO, TOCAMOS EN EL TEMA DE LA OPINIÓN
O INTERVENCIÓN DE LOS AMIGOS Y DE LA FAMILIA
EN TU RELACIÓN. HABLAREMOS SOBRE ESTO A
CONTINUACIÓN. VAMOS A ENTENDER POR QUÉ SUCEDE
Y QUÉ HACER EN ESOS CASOS. TE ESPERO EN
EL PRÓXIMO CAPÍTULO.

• • • • • • • • • • •

7

· · · · · · · · · · · · · · · ·

EXISTE VIDA FUERA DEL PLANETA RELACIÓN DE PAREJA

"Hace mucho tiempo estoy coqueteando contigo,
esperándote,
deseando el momento de amarte.
Soy tu hijo,
tu juguete.
Nuestro amor es secreto.
Deja que el pueblo hable.
Si el pueblo habla, habla.
No le prestes atención, deja que el pueblo hable".

JORGE DE ALTINHO, "No tengas miedo"

EN LA ACTUALIDAD, la siguiente situación es muy común: una persona comienza una relación, sube una foto a redes sociales y, minutos después, comienzan a aparecer los comentarios. Muchos son elogios, pero siempre existen aquellos que dicen cosas como: "¡Qué horror!, eres un abusador de menores" o "Ella es mucha mujer para ti" o, hasta, "No deberías subir este tipo de fotos que exponen tu vida privada". Es cierto, internet materializó la opinión ajena y dejó a muchas personas que confunden la "libertad de opinión" con la falta de educación y de respeto.

Este ejemplo fue para recordarte que no vivimos en Saturno y que, cuando decides establecer una relación con alguien, va a haber interferencia no solo de internet, sino de los amigos y de las familias. Por eso, ser pareja es, también, aprender a gestionar la vida que existe fuera del planeta relación de pareja.

Claro que no siempre debe desestimarse la opinión de la familia y de los amigos. Escuchar a las personas a nuestro alrededor es importante, pero **es necesario aprender a impedir que el mundo traspase ciertos límites y depende de cada miembro de la pareja construir esas fronteras.**

Es necesario porque en las familias, entre los amigos y el internet, existen opiniones movidas por el amor y por la preocupación, pero también las hay movidas por la envidia, el enojo, los celos y el rencor, estas últimas muchas veces son inconscientes, pero no por eso menos dañinas.

Detrás de la buena intención, la rivalidad familiar

Suelo recibir correos de personas que ven los videos de mi canal *Nós da Questão*, en YouTube, y terminan queriendo compartir sus historias conmigo. Estos relatos desempeñan un papel importante en la relación que tengo con los suscriptores, porque terminan sirviendo de inspiración y orientando los temas que elijo abordar en cada video nuevo.

Ruth, una simpática seguidora del canal, me escribió contándome que estaba en problemas por no saber lidiar con la tristeza por el fin de su noviazgo y con la rabia que comenzaba a sentir por su hermana, Raquel.

"(...) Nuestra familia vive en provincia y, por ello, nosotras dos compartimos un departamento en la colonia cercana a la universidad. Cuando comencé mi noviazgo con Assunção, lo primero que hice fue traerlo a casa para presentárselo a Raquel. Ella se mostró feliz, solo que, cuando él se fue, me comentó: 'Es verdaderamente un amor de persona, pero yo no confiaría en un tipo lindo, rico y con el que las mujeres coquetean'. Incluso me dio gracia el comentario, pero confieso que esas palabras me dejaron insegura".

De lo que Ruth no se había dado cuenta era de que Raquel (fuera a propósito o no) había conseguido sembrar en su corazón la primera semilla de duda, de varias que todavía estaban por venir.

"Los meses pasaron y mi noviazgo iba viento en popa. Hacíamos muchas cosas juntos y Raquel también participaba de algunos planes. Solo que una vez me dijo a la hora de cenar: 'Oye, ¿no te parece muy extraño que Assunção nunca quiera presentarte su familia? Estate atenta, hermana. No quiero que nadie te vea la cara de tonta'. Bueno, una vez más, fingí que no le prestaba atención y cambié de tema".

En su lugar, lector (o lectora), tú probablemente también te habrías quedado con cierta inquietud, ¿no?

"Al día siguiente, terminé preguntándole a mi novio si no era hora de conocer a mi futura suegra. Pero él cambió de tema. Después de mucha insistencia, terminó confesándome que había cortado relación con sus padres, pero no me contó por qué. Lo respeté. Solo que mi hermana, que siempre se preocupa por mí, por aquí y por allá, me daba algunos consejos que siempre juzgué bien intencionados. Se la vivía diciendo que debería imponerme más, que dejaba que Assunção me pasara por encima, que me manipulaba, ese tipo de cosas... Raquel llegó a decir que tenía que vigilarlo, que su intuición no fallaba, y que sentía que yo era un poco 'gallina'. Comencé a desarrollar unos celos locos, lo llamaba todo el tiempo para saber dónde estaba, comencé a respirarle en la nuca. Solo que él no aguantó mis reclamos y perdió la paciencia. Dijo que, si iba a ser así, no podía más".

En este punto, ya es posible ver los efectos nocivos de la interferencia de Raquel en la relación. Pero hay más:

"En nuestras discusiones, él siempre decía que Raquel estaba envenenando mi cabeza, que las cosas que yo decía no sonaban a mí, pero yo la defendía justificando que yo era capaz de pensar por mí misma. Después de que me dejó, yo ya no sabía si aquello que yo decía era, de hecho, la verdad. No creo que mi hermana me haya influenciado de forma mal intencionada. No es posible. Pero, siendo muy honesta, tengo que admitir que a veces sospeché que Raquel miraba a Assunção de forma diferente. Pero es muy absurdo imaginar que a mi hermana le gustara mi novio. Me siento perdida, porque ya no le creo. Antes, yo vivía en un mundo de Disney, ahora estoy en la más cruel de las novelas. ¿Cómo lidiar con este dolor de haber perdido al hombre que amaba? ¿Cómo continuar conviviendo con Raquel? Por favor, ayúdame".

Estoy de acuerdo con quien diga que la historia es triste, pero no concordaré con quien acuse a Ruth de ser ingenua. Ella, además de ser una mujer joven, vivía en un espacio complejo. De un lado estaba la familia; del otro, los estudios. La cosa era tan complicada que ella todavía no había tenido tiempo de descubrir la maldad que existe en el mundo y que también puede existir en las personas que amamos o en quienes confiamos.

Sin embargo, la gran equivocación de Ruth fue haberse olvidado de seguir su intuición. En lugar de ello, priorizó las opiniones de Raquel. Si le preocupaba que el joven no le presentara a su familia, debió haberlo expresado a raíz de una molestia genuinamente suya y no de su hermana.

Si trazamos un paralelismo con una historia conocida, veremos que Raquel actuó como la serpiente del mito del pecado original en la relación de Ruth y Assunção. Indujo a la hermana al error y sembró con su envidia la destrucción de la felicidad de la pareja.

Entonces, querido lector (o querida lectora), si quieres ser feliz en pareja, tienes que aprender a guiarte por tu propia cabeza. Sin embargo, para hacer eso, vas a tener que abandonar cierta ilusión sobre las personas que te rodean, aunque sean de tu familia. Es hora de entender que ellas tienen defectos y no siempre quieren lo que es mejor para ti o para tu relación. Repito, aunque muchas veces pase de forma inconsciente, las personas incluso pueden querer "robarte" a tu amor.

Uno de los criterios clave que debe orientar tus elecciones dentro de la relación es siempre preguntarte: "¿Estoy feliz en mi relación con esta persona?", "¿Esta persona me hace una mejor versión de mí mismo?", ¿Esta persona con la que tengo una vida sexual funciona conmigo?". Si la respuesta fuera sí, entonces escucha a tu corazón y prioriza lo que se dice entre ustedes (en la relación) y no las habladurías de los otros.

Siguiendo en la historia de estas dos hermanas, otro comportamiento importante es que como miembros de la pareja siempre conversen sobre lo que consideran un tema solo de ustedes dos y lo que es público. Claro que eso también se vale para lo que se va a subir, o no, a redes sociales. Identifiquen las cosas que consideran más personales, como los temas referentes a su rutina sexual, las finanzas, los acuerdos de la relación e incluso lo que consideran o no como una traición. Estos son ejemplos de cosas que, en realidad, no le interesan a nadie, y hacerlos públicos solo va a servir para dejar a la relación vulnerable a ataques externos.

Sin embargo, en las interacciones con el mundo, pueden aparecer temas sobre los cuales no siempre estén de acuerdo y que deberían mantenerse en el ámbito privado (como las vulnerabilidades de cada uno, los miedos, los defectos, las discusiones que tuvieron, los sueños o proyectos que están construyendo, las creencias políticas, etc.). Todos estos son puntos que uno puede considerar relativos al ámbito privado, pero el otro puede creer que no tiene nada de malo hacerlos públicos.

Por ello, voy a darte un consejo: aunque te parezca que es una tontería de la relación lo que piensas hacer público, protege siempre tu vida de pareja. Solo comparte cosas más íntimas con tu familia y con tus amistades si estuviera sucediendo algo que pudiera perjudicarte, como la violencia doméstica, el exceso de control, el aislamiento social forzado o alguna enfermedad. En ese caso, es importante compartir esas situaciones nocivas con quien pueda ayudarte.

Si sintieras incomodidad al enterarte de algo que tu pareja comentó con amistades o familiares, tienes que conversar con ella al respecto cuanto antes.

Pero, claro, esto hay que hacerlo sin ningún tono acusatorio. Nada de decir: "Me ridiculizaste frente a mi hermano" o "¿Tenías que contarle a tu madre que estoy atravesando esa situación?". Incluso porque este tipo de reacción acusatoria puede causar un desacuerdo entre ustedes y empeorar bastante la situación. Piensa que, si la otra persona te ama de verdad, no tenía malas intenciones ni le pasó por la cabeza que hablar de tal cosa podría lastimarte.

Lo ideal es que hables las cosas así: "Tenemos que mantener la confianza entre nosotros y, para que eso suceda, sería mejor que no converses más sobre tal cosa frente a mi hermano" o "Cuando hablas de nuestra intimidad con tu madre, me enojo porque siento que nuestra vida está siendo expuesta".

Cuanto más tranquilo sea el aviso para la otra persona, mayor va a ser la posibilidad de que tome en cuenta lo que sientes y piense dos, tres, cuatro veces antes de compartir nuevamente alguna otra intimidad tuya o de ustedes.

Al mismo tiempo, si queda claro que tú le dijiste a alguien algo que te parecía que no era nada del otro mundo, pero el otro se sintió incómodo, es hora de pisar el freno y de pedir disculpas. Quien quiere tener una vida de pareja tiene que aprender a tragarse el orgullo y la vanidad y debe disculparse cada vez que meta la pata. Aunque esa metida de pata haya sido de manera involuntaria.

¿Y cuando la suegra es entrometida?

Claro que existen suegras maravillosas en el mundo, pero estamos de acuerdo que, en general, no tienen buena reputación. Tanto que es bastante común que yo reciba correos de los seguidores del canal *Nós da Questão* que hablan específicamente sobre este tema. Me piden ayuda para aprender a lidiar con lo que clasifican de "provocadoras de divorcios", "arpías", "brujas entrometidas" y hasta mencionan algunos insultos que ni vale la pena repetir aquí. Acompaña la dificultad de una de estas internautas para convivir con su suegra:

> "(...) Hace dos años que vivo en Belo Horizonte con mi prometido, en una casa al lado de la su familia, y he vivido un verdadero infierno con la intromisión de esas personas en nuestra relación, sobre todo, por parte de mi suegra. Ella viene casi todos los días a la casa, habla sin parar de los demás y de sí misma. Adora ser el centro de atención. Peor aún, mi suegra es esa persona 'siempre buena', que llora todo el tiempo y habla de que quiere ver a todo el mundo bien, pero es la primera en criticar mi forma de ser. Para mi suegra, soy el lobo malo de la historia porque no permito que ella, ni nadie de esa familia horrorosa, me manipule a mí o a mi prometido. Ya estoy harta de aguantar a tantas personas que no

saben respetar espacios ajenos y, por ello, quisiera que me diera algún consejo, algo que me ayude a lidiar con esta gente sin límites. Solo no me pida paciencia con esta gente mala, porque ya la aguanté demasiado".

Vida complicada la de esta muchacha, ¿no? Pero mi situación frente a ese correo tampoco es fácil, porque no es raro que las personas se queden frustradas (a veces incluso irritadas) conmigo cuando me piden ayuda para lidiar con suegras entrometidas y escuchan lo que tengo para decir al respecto.

Y esta frustración probablemente sucede porque las personas ya llegan llenas de rabia. Y esperan que, con mi respuesta, alimente todavía más ese odio diciendo cosas como: "Las suegras no sirven", "Hay que tratarlas con dureza", "Son cobras con piel de personas". Calma, debes tener paciencia. Por más detestable que sea tu suegra, y sé que puede llegar a serlo, este tipo de postura agresiva contra la madre de quien amas solo te va a afectar a ti y a tu relación.

En la presentación de este libro, dije que tus caminos afectivos están dentro de ti y que se revelarán a medida que comprendas las dinámicas de tu relación. A fin de cuentas, como ya dije, el conocimiento es poder.

Por ello, mi propuesta es que comprendas el porqué de algunas suegras para actuar de forma tan entrometida y, a veces, tan agresiva. Todo bien, sé que comprender no significa disculpar, estar de acuerdo o fingir que no te hace enojar. Pero entender la dinámica de las cosas te va a permitir conducir la situación hacia la dirección que quieras. Lo que será estupendo para tu relación.

Por ello, trata de leer en este momento con la cabeza un poco más abierta y sin prejuicios. Escucha, la suegra entrometida es solo una madre que construyó su vida alrededor de la maternidad y que ahora trata de vivir la vida de su hijo. A sus ojos, cualquier persona que se acerque va a ser, al principio al menos, un intruso. Y es por sentirse de esa forma que una suegra posesiva tratará, en casos muy extremos, de quitarte del camino para continuar siendo ella la que ocupe el primer lugar en el corazón de su "bebé". En el fondo, muy en el fondo, el comportamiento insoportable de tu suegra no es más que falta de confianza en sí misma.

¿Recuerdas la historia de la bruja de Blancanieves? "Espejito, espejito, ¿existe alguien más bonita que yo?". Esa es la imagen de una suegra entrometida. La bruja envió al cazador a arrancar el corazón de Blancanieves para que ella no pudiera amar ni ser más amada que la propia bruja. En el fondo, la bruja de Blancanieves era solo una mujer frágil e insegura, así como tu suegra.

A pesar de todo eso, es necesario ponerle límites a esa suegra o a esa madre. Para ello, **tú y tu pareja deben acordar que la ropa sucia solo debe lavarse en casa.** Es decir, acuerden no discutir entre sí ni estar en desacuerdo en frente de la suegra ni de nadie. Incluso porque, si hubiera un conflicto entre ustedes, es muy probable y normal que tu suegra tome partido por su hijo o hija, quiera admitirlo o no. Y esto solo va a aumentar la tensión entre la pareja, ¿no?

Veamos este caso que me llegó al consultorio. La circunstancia ahora es al revés. Tan solo una parte del relato es suficiente para que entiendas lo que estaba sucediendo y para que podamos analizar juntos la situación.

Voy a llamar a mi paciente Charlotte. En la época en que llegó a mi consultorio, todavía era soltera, la relación estaba comenzando, pero ella ya podía notar que (si realmente quería dar el próximo paso rumbo a una unión más duradera) iba a tener que evaluar si podría lidiar con la relación que su novio Kevin tenía con su mamá.

> "No sé cómo lidiar con esta situación. Hace dos meses que mi novio decidió regresar a vivir con su madre y, desde entonces, ha cambiado conmigo. Paso los fines de semana en la casa de mi suegra, pero Kevin no me presta tanta atención como antes. Parece incluso que sobro. Conversamos al respecto, pero fue peor porque él entendió que yo quería apartarlo de su madre y no es nada de eso. Solo quiero que, cuando estemos juntos, él no le preste atención solo a ella".

Tuvimos que trabajar en las sesiones hasta que Charlotte se dio cuenta de sus celos por tener que compartir a Kevin con otra mujer y de que ese sentimiento la ponía en camino a chocar justamente con la madre de él. El tema es que se olvidó de una regla muy importante a la hora de convivir con las suegras: no meterse con la relación que existía entre Kevin y su mamá.

En realidad, Charlotte quería esa relación y necesitaba ser lista. Creamos, entonces, estrategias para que ella planeara momentos en los que Kevin podía quedarse a solas con su madre. Charlotte comprendió que esos momentos eran importantes para los tres. Además de que eso le dio aire a su relación, la madre de Kevin comenzó a alejar cada vez más de su corazón el sentimiento de que la nuera estaba robándole a su "bebé".

Charlotte se dio cuenta de que, en la práctica (cuando pasó a dar ese espacio) todo el estrés que ella estaba experimentando junto a su novio se fue terminando y ellos trataron de acomodar momentos para pasar más tiempo juntos cuando la suegra necesitaba salir.

Y hay otra cosa que Charlotte aprendió, que es una regla de oro para una buena relación con la suegra: si en algún momento escuchas a tu pareja hablando mal de su propia madre, escúchala en silencio. No estés de acuerdo, ni en desacuerdo, ni eches leña al fuego, porque más tarde eso puede volverse contra ti, y lo hará. Solo los hijos tienen el derecho de hablar mal de los padres. Nunca el yerno o la nuera.

Por más insoportable que te parezca tu suegra, ustedes tienen un punto en común: aman a la misma persona. Por eso, trata de entender los conflictos que ella vive como madre y trata de no quedarte tan a la defensiva.

Aunque ella sea aburrida o perversa, ten siempre en mente que ella es solo una madre que no tuvo la madurez para entender que su hijo o hija creció y ahora tiene su propia vida y sus propias elecciones.

Pero ¿y si Charlotte no hubiera logrado mantener una buena relación con la suegra, al punto de que no se soportaran? Bueno, en ese caso, sería entonces hora de blindar tu relación, aprendiendo a ser indiferente.

Porque si tienes o vas a tener hijos, también llegará la hora en que seas suegra o suegro de alguien. ¿Y cómo va a ser? ¿Cómo te gustaría que tus miedos e inseguridades fueran tratados por la persona que va a "robarte" a tu hijo o hija? ¿Será posible que, ante la amenaza de perder a tu "bebé", te vuelvas también un poco insoportable? Piensa en ello. Poniéndote en el lugar de tu suegra, seguramente tu relación con ella va a ser mucho más pacífica y llevadera.

Cómo proteger el planeta Relación de Pareja de las interferencias que vienen de fuera

▶ **Vigílate**

Vivimos de forma colectiva y, cuando nos enamoramos de alguien, buscamos que las personas que queremos aprueben esa elección. Entonces, no tienes que tratar de dejar de sentir eso, incluso por el hecho de que es muy difícil que deje de importarte por completo lo que los otros piensan o dicen. Pero vamos a gestionar este sentimiento para que no se vuelva exagerado y no sea un obstáculo en tu relación.

Ten cuidado de no dejar que tu necesidad de aprobación les dé a tu familia y a tus amistades el poder de sabotear tu felicidad conyugal, incluso con acciones o frases aparentemente inocentes. Sé prudente cuando percibas que las opiniones de los otros no concuerdan con lo que tú quieres de tu relación amorosa.

Recuerda que ya eres una persona adulta y puedes tomar tus propias decisiones. Si amas a tu pareja, si ella te hacer sentir feliz o realizado, entonces lo que tus amistades y familiares piensen debe quedar en segundo plano. Aprende a vivir sin la aprobación de ellos. <u>Si crees que estás con la persona correcta, confía en tu instinto.</u>

▶ **Vigila a los padres**

Los padres, o quienes nos criaron, sin duda son nuestra primera referencia del amor y, por lo tanto, si tienes una buena vida familiar, es común que la palabra de ellos tenga más peso que la de los amigos. A fin de cuentas, aprendiste, desde niño, que ellos siempre quieren lo mejor para ti. Lo que no te enseñaron es que (así como con el amor) los padres también son nuestra primera causa de frustraciones y de enojos. Finalmente, no es posible atender siempre o de inmediato todos los deseos del bebé.

Y es justo por el carácter intenso de este vínculo (creado desde la infancia) que los padres terminan pensando, naturalmente, que pueden interferir en la vida de los hijos, aunque estos crezcan.

El pretexto de que ellos quieren lo mejor para ti hace que los padres no paren de dar consejos no solicitados. Y, si hay nietos, ahí se pone todavía peor la situación y la intromisión aumenta. Sí, los padres siempre esperan que pienses y te comportes exactamente como ellos creen que es correcto y, en general, les cuesta entender que ya no les toca decidir sobre tu comportamiento.

Pero, mira, el hecho de que compartas la "misma sangre" que tus padres no significa que tengas que actuar como a ellos les gustaría, ni que tengas que seguir los mismo caminos que ellos eligieron. Entonces, aunque sea algo doloroso para ti y para ellos, es sano para todos que te impongas y que hagas las cosas a tu manera. Al final, la relación es tuya y los errores y los aciertos también deben ser tuyos.

Acepta que necesitas separarte psicológicamente de tus padres y ellos de ti. Porque solo existirás como sujeto cuando transgredas, cuando oses vivir guiado por tus deseos y asumas la responsabilidad de tus decisiones. ¿Sentirás culpa por ponerle límites a tus padres? Probablemente, sí. Pero aprende que, además de esto, hay muchas otras cosas en la vida que hacemos a pesar de la culpa. Y no, no sirve sentirse de otra forma.

Pero elige bien las palabras. <u>Necesitamos saber comunicar los límites con firmeza, pero sin ser rudos o sin que parezca que estamos haciendo una acusación.</u> Por ejemplo, si tu padres son de aquellos que se la viven invitándose a ir a cenar juntos en todas las salidas que organizas con tu pareja, diles que los amas, pero que algunas veces necesitas un poco más de privacidad al lado de tu compañero. Negocia estableciendo compensaciones como "este fin de semana vamos a estar solos, pero el próximo sábado, tendremos una noche de degustación de vinos con ustedes aquí en casa e insisto en cocinar yo".

Si este comportamiento invasivo no proviniera de tus padres sino de tus suegros, deja en claro a tu pareja que ustedes necesitan más espacio para estar juntos y pídele que converse con sus padres sobre eso.

▶ Vigila a las amistades

Los amigos son la familia que elegimos para compartir la vida. Son personas a las que nos acercamos y con las cuales creamos lazos por afinidad, simplemente porque nos gusta su compañía. Pero, cuando comenzamos una relación, algunos comportamientos terminan siendo naturalmente revisados. La vida de salidas y de reuniones disminuye y es necesario lidiar con el hecho de que una nueva etapa comenzó.

Pero esto no quiere decir que debas aislarte por eso, además, cabe resaltar que ese comportamiento es extremadamente tóxico. Es necesario tener un equilibrio. Las relaciones deben servir para ampliar las amistades y no para reducirlas, y es muy importante que uno participe activamente en el círculo de amistades del otro.

Mientras, así como en el caso de los padres, también es necesario tener límites para esos amigos que quieren estar presentes todo el tiempo y que viven ansiosos por que les cuentes sobre lo que sucede en la intimidad o en el día a día de tu vida en pareja.

Las amistades también se ven muchas veces como una tentadora válvula de escape para cuando quieres desahogarte sobre las cosas desagradables que suceden en tu vida de pareja. Pero presta atención, porque este comportamiento puede generar problemas. Compartir discusiones o frustraciones momentáneas puede parecer un alivio cuando hablas, pero luego cuando tú y tu amor superan esa dificultad, los dos hasta pueden olvidar lo que sucedió, pero los amigos probablemente no. Por ello, mantén el enojo, las frustraciones y las decepciones que tengas en la relación, entre tú y tu pareja. O, si te parece necesario, dentro del consultorio a la hora de la terapia.

Si eres del tipo de persona que tiene dificultades para decir no, presta más atención todavía, porque vas a terminar sintiéndote dividido entre tu familia, tus amigos y tu pareja. Para encontrar el equilibrio, sin ser negligente con las personas con quienes convives, regula el tiempo que pasas con tu familia y con tus amistades; integra a la persona amada a esos dos grupos, pero recuerda que ustedes dos deben tener momentos exclusivamente de pareja, sin ninguna interferencia externa.

Antes de que te des cuenta, las personas van a percibir tu comportamiento con límites y van a terminar acostumbrándose a tu nueva dinámica. Y quien sea un amigo de verdad va a continuar a tu lado a pesar de estos cambios.

• • • • • • • • • • •

LAMENTABLEMENTE, HAYA O NO INTERFERENCIAS, HAY RELACIONES QUE, POR UNA DINÁMICA PROPIA DE LA PAREJA, O SE VUELVEN ENFERMIZAS O YA NACEN ABUSIVAS. Y VAMOS A CONVERSAR SOBRE ESTO EN EL PRÓXIMO CAPÍTULO.

• • • • • • • • • • •

CUANDO EL PELIGRO
DUERME EN TU CAMA

"Fui a la feria de los pájaros
y compré pájaros
para ti,
mi amor.
Fui a la feria de las flores
y compré flores
para ti,
mi amor.
Fui a la feria de los herrajes
y compré cadenas,
pesadas cadenas
para ti,
mi amor.
Y después fui a la feria de los esclavos
y te busqué
pero no te encontré,
mi amor".

Jacques Prévert, "Para ti, mi amor"

AMOR, seguridad, paz, tranquilidad... son los sentimientos que las personas quieren cuando buscan una relación. Imagina, entonces, si notaras que, de la nada, la relación de tus sueños resulta no ser tan sana como pensabas. Puede ser algo extremadamente doloroso darte cuenta de que la persona a la que amas te manipuló, te engañó, jugó psicológicamente contigo y, en casos extremos, utilizó la violencia física.

Es claro que estamos hablando de relaciones que se volvieron venenosas o abusivas y, en este aspecto, solo hago una advertencia antes de que continuemos: las mujeres normalmente son el lado más castigado de esta historia. No estoy negando que haya hombres que sufren a manos de compañeras tóxicas o manipuladoras. Es claro que eso existe y los temas que trataremos aquí serán útiles tanto para las lectoras como para los lectores.

Para empezar, debes entender que existen muchos tipos de relaciones abusivas y que cuando se llega al punto de la violencia física, ya se pasó por las etapas tóxicas y peligrosas (que a veces sucedieron de un modo tan sutil que la víctima ni siquiera notó en qué tipo de relación estaba). Si hubiera sido evidente, la persona abusada se hubiera ido cuando los lazos afectivos todavía estaban flojos.

Los vínculos que se generan y que sostienen una relación sana, con base en la confianza, la lealtad, la empatía y el cuidado, son muy diferentes de los lazos establecidos en una relación abusiva. Muchas veces, la pareja que está en una relación tóxica se mantiene unida por la inseguridad y por el miedo que alimenta esa inseguridad.

No estoy hablando de la víctima: el agresor normalmente es inseguro y su recelo de parecer débil hace que sea abusivo para mantener un sentido de control sobre la relación, colocándose en el modelo que le satisfaga.

Lo irónico de todo esto es que la víctima también tiene una inseguridad enfermiza y por eso acepta, a veces sin darse cuenta, las condiciones del agresor. Todo en nombre de ser "amada". Es decir, existe en el agresor una necesidad enfermiza de controlar y amenazar.

Mientras la víctima es alguien que no se imagina siendo feliz sin una persona "protectora" cerca y que, por esa inseguridad, vive aterrorizada eternamente de no ser amada o de ser abandonada.

De esta forma, la víctima y el agresor están tan ligados e involucrados que, para muchas personas, resulta difícil notar que están compartiendo la cama con alguien peligroso.

Este escenario es más que perfecto para que la relación tóxica pueda comenzar con comportamientos que erradamente pasan por "normales" o que denotan "exceso de cuidado" en nuestra cultura. Son expresiones que dicen cosas como: "No te pongas esa ropa", "Ya no te juntes con tus amigas (o amigos)", "Deberías prestarle menos atención a tu familia y más a nuestra relación", que poco a poco van ganando peso. De repente, el otro ya te está hablando en un tono de voz más alto y haciéndote vivir un infierno psicológico.

Hasta parece que estoy exagerando, ¿verdad? Para que entiendas que no es el caso, tan solo lee este correo de una suscriptora del canal *Nós da Questão*, quien me escribió en busca de ayuda.

"Hace dos años que estoy en una relación turbulenta. Al principio, cuando estábamos conociéndonos, él me vio bajando del auto de un amigo de la facultad, que me había dado aventón. En ese entonces, todavía no éramos novios, solo salíamos. De todas formas, vino, irritado, a arreglar cuentas conmigo debido a que mi amigo me había llevado en su auto. Pedí disculpas y aparentemente todo se arregló. Al principio, él era superamable. A los dos meses de novios, ya me había conquistado con su gentileza y su bondad. Hasta que, un día, estábamos saliendo del cine y un muchacho, creo que de pura casualidad, me miró. Estábamos agarrados de la mano y él me apretó los dedos con tanta fuerza que quedé con el meñique lastimado. Hoy, sé que él me agredió, pero en ese momento solo pensé que me había apretado la mano demasiado sin querer; porque se había puesto nervioso por los celos. A los cuatro meses, comenzó a pedirme que bloqueara en redes sociales a quienes habían sido mis novios. Él sabía quiénes eran porque, al principio, me preguntaba cosas de mi vida y yo le contaba todo creyendo que, si yo era 100 % transparente, él confiaría en mí. En realidad, yo ya estaba enamorada y ni me di cuenta de que estaba siendo manipulada.

Después de un tiempo, cerré mi cuenta de Facebook para evitar confusiones, porque él se enojaba por las fotos que yo subía. También me hizo perder amistades con hombres y mujeres, incluso me impidió ir a casa de mis abuelos, porque yo solo tenía tiempo libre los fines de semana y él decía que no era justa con nuestra relación. Lo extraño es que yo siempre creía que yo estaba equivocada y él siempre se las arreglaba para hacerme sentir culpa.

Ahora que desperté a la vida, ya pasaron dos años y no logro salir de esta situación. Cuando digo que ya no quiero estar con él, me amenaza de muerte. Me dice que si me ve en la calle, me atropella, o que va a seguirme para golpearme, esté donde esté, frente a cualquier persona. Todavía me gusta, pero creo que se debe a que estoy atrapada en los momentos y los recuerdos de las cosas buenas que vivimos juntos. Creo que esto me hace rehén de la situación. Y lo que es peor: siento muchos celos de imaginar que él me cambie por otra, porque creo que todas las mujeres son mejores que yo. Por favor, ayúdame, porque de verdad deseo salir de esta situación".

Para que no te pierdas en situaciones como esta, considero importante ayudarte a identificar cómo son las relaciones abusivas, de modo que sepas reconocer si estás viviendo una y cómo salir de ella. Vamos a comenzar hablando de los comportamientos que (cuando son identificados por lo menos en uno de los miembros de la pareja) ya deben servir como señal de alerta.

Protégete de los comportamientos abusivos

Hay quien solo sabe relacionarse midiendo fuerzas con el otro. Es decir, hay personas que no logran compartir el poder dentro de la relación y siempre tratan de persuadir a la pareja de hacer todo a su modo, porque necesitan sentir que tienen el poder, como si eso fuera algo natural. Voy a darte unos ejemplos muy comunes para que prestes atención: si la otra persona queda de verse contigo, el encuentro va a ser siempre en el lugar que ella elija, en el horario del cine que siempre elije y el viaje de vacaciones, adivina... aquel que ella siempre soñó.

Sin que te des cuenta, la otra persona, que no sabe compartir el poder, siempre terminará llevándote a hacer todo de una forma que no es la tuya. Y lo peor es que muchas veces incluso vas a convencerte de que la elección fue tuya. Pero no lo fue y necesitas prestar atención a esto.

La persona que tiene tendencias abusivas, también suele mostrarse muy encantadora, seductora, carismática y popular. En ese caso, es importante que notes que esas no son cualidades que existen en realidad en la otra persona, sino que forman parte de una máscara que usa para conquistarte, para que bajes tus defensas psíquicas y que te vuelvas vulnerable afectivamente.

Cuando estás abierto a entregarte, la tendencia es que termines enredado en un juego de dominación en el que la otra persona va a utilizar algunas armas. Una de ellas es la culpa. El lado abusador siempre querrá aprovecharse de los pequeños defectos, o remordimientos y te hará sentir como basura. **Date cuenta de que vives al lado de una persona que te culpa todo el tiempo y que siempre hace menos tus esfuerzos por hacer bien las cosas.** Si esto sucede con frecuencia, abre los ojos.

En una relación de este tipo, el abusador nunca asume la responsabilidad ni la culpa de nada que salga mal. Aunque la responsabilidad objetivamente no sea tuya, va a voltear el juego presentando argumentos apoyados en hechos que ustedes ya vivieron o va a decir que no hiciste tal cosa, pero que "deberías haberla hecho". Y, otra vez, vas a sentirte "pequeño", pero, al mismo tiempo, te vas a sentir feliz por estar al lado de una persona tan lista y que te protege de los errores que cometerías si estuvieras solo. ¡Qué engaño!

Ahora, pondré el foco en un comportamiento detestable que es otra arma importante para seguir dominándote: las mentiras. En una relación tóxica, el abusador miente con mucha facilidad. Lo hace de una manera tan bien articulada que, incluso si la mentira es evidente, morirá insistiendo en que dice la verdad. Esta es la manera óptima de hacer que dudes de ti mismo.

Y, en un intento de transformarte en una persona confundida, insegura, dependiente del otro dentro de la relación, el abusador nunca será claro en su forma de comunicarse. **Es el tipo de persona que utiliza discursos resbaladizos y siempre deja todo ambiguo para confundirte.**

Hay personas que están tan inmersas en la dinámica enfermiza de la relación que van a dudar de sí mismas. Hasta comenzarán a preguntarse: "¿En serio vi eso? ¿Realmente dije eso?". Es decir, vas a estar culpándote siempre por todo lo malo en la relación, hasta por las agresiones. ¿Entiendes cómo los hilos de la red que te atrapa van tejiéndose tan sutilmente, sin que te des cuenta?

La personas pueden tener alguno de estos comportamientos. Mientras tanto, presta atención al conjunto de acciones del otro dentro de la relación. Solo así vas a poder evaluar si tu relación está, o no, transformándose en algo tóxico y abusivo.

El ángel malvado

No pienses que todos los que viven en una relación tóxica tienen un compañero abiertamente hostil. Debes saber que, en gran parte de los casos de las relaciones abusivas que llegan a mi consultorio, el compañero no presenta ningún comportamiento amenazante. En realidad, existen personas con perfiles formados por una serie de características disimuladas, pero traicioneras. Hay gente que parece muy buena, pero que termina usando esa "bondad" para camuflarse y para actuar de manera muy agresiva. Es lo que llamamos una personalidad pasivo-agresiva. Dicho de una forma más simple, estas personas son los verdaderos ángeles malvados.

No te imaginas el estrago que este tipo de "ángel" puede causar. Por ejemplo, comienzas a reflexionar sobre tu vida, y empiezas a ver que no eres tan eficiente como imaginabas. De repente, comienzas a estar triste y a darte cuenta de que eres una persona insegura y "descontrolada".

El caso es que, muchas veces, estos sentimientos que te estás atribuyendo no son verdaderamente tuyos. Fueron plantados en tu cabeza por tu pareja pasivo-agresiva. Todo sucede de manera muy dulce porque el "ángel malvado" siempre parece muy "bien intencionado" y termina saboteando delicadamente tu vida emocional y, a veces, hasta tu vida profesional.

Voy a compartir con ustedes otro caso que recibí en mi consultorio, el de una pareja a cuyos miembros llamaremos Sara y Martín. Esta situación va a mostrar lo mala que puede ser la dinámica de una relación con una persona pasivo-agresiva.

Cuando Sara vino a buscarme, se sentía confundida y tenía la autoestima por los suelos.

"Hace nueve años que vivo con Martín y siento que nuestro amor sigue fuerte, como siempre. Él dice que yo soy el problema de nuestras discusiones y tengo que aceptar eso porque él realmente no discute conmigo. Creo que pido demasiadas cosas, le exijo al pobre más de lo que puede darme. Es un hombre muy bueno, nunca me niega nada que yo le pida, pero la mayoría de las veces, no hace lo que me prometió y sé que no es culpa suya. A veces, es la falta de tiempo, simplemente no logra cumplir con lo prometido, por algún otro motivo. Yo debería ser más madura y comprender que lo importante es que lo intentó, pero, en lugar de eso, acabo enojándome con él. Entonces, él se calla y enloquezco con el silencio. La semana pasada, fue nuestro aniversario de casados y preparé una cena especial con camarones con pimienta, que él adora. Martín reparó en cada detalle, elogió mi vestido, las velas y la decoración, pero vi que parecía estar comiendo a la fuerza. Cuando le pregunté, me explicó, avergonzado, que yo había cocinado con mucha pimienta y que al día siguiente le iba a doler el estómago. La comida estaba bien para mí, pero le dije que si quería podíamos pasar directo al postre o que yo podía improvisar algo rápido en la cocina. Pero el pobre se comió todos los camarones para no hacerme una grosería y hasta se disculpó por el comentario. Me sentí muy mal y me fui a dormir llorando. Cosas como estas se repiten con tanta frecuencia que acabo explotando y él, como ya dije, se cierra en un muro de silencio para que no discutamos. Tengo que cambiar mi manera de ser. Martín también me hizo darme cuenta de que ya podrían haberme ascendido en la empresa donde trabajo, pero no lo hacen, según él, por mi forma de ser, que él denomina impaciente y obtusa. De vez en cuando, me dice cosas que me ponen muy triste, pero después lo reflexiono y pienso que tiene razón y solo quiere ayudarme. Creo que mi temperamento me impide hacer mejor las cosas. En realidad, creo que hago todo mal y quiero ser una mejor persona".

De lo que Sara no se daba cuenta (pero que fue aclarando a medida que analizábamos otros temas que ella trajo a las sesiones siguientes) era que Martín tenía una personalidad pasivo-agresiva.

Ella necesitaba gestionar su relación con ese "ángel malvado", en vez de destruir su autoestima.

Las personas como Martín siempre parecen apagadas. Bien intencionadas y, sobre todo, las víctimas de la relación. No es de extrañar que al hablar de él Sara utilizara el adjetivo "pobre" más de una vez en su relato. Lo que ella no sabía es que el gran triunfo de una persona pasivo-agresiva es la capacidad de no asumir nunca la responsabilidad de nada y hacer que quien está a su alrededor se sienta culpable, insuficiente o incompetente. Los pasivo-agresivos siempre van a parecer muy sumisos, todo apuntará a que ellos quieren evitar conflictos. Solo que, a fin de cuentas, el "ángel malvado" va a mermar tu confianza en ti mismo, hará que las cosas sean siempre como él quiere.

Claro que la voluntad de evitar conflictos en una relación es algo positivo, necesario incluso. Todos tratamos de conseguirlo, a veces hasta nos quedamos en silencio, como lo hacía Martín.

Entonces, para evitar que generalices algunas cosas, vamos a comenzar entendiendo que el comportamiento pasivo-agresivo aparece sobre todo cuando la persona trata de hacerse la víctima, para que te sientas culpable o quiere que sientas inseguridad en la relación y en la vida. A fin de cuentas, el pasivo-agresivo siempre parecerá una persona "bien intencionada". Pero no te engañes, porque detrás de esa constante buena intención, existe mucha agresividad disimulada.

Es ese tipo de pareja la que te quita el apoyo y te derriba, pero es una manipulación tan bien hecha que terminas creyendo que tú eres responsable de tu propia caída.

Otro comportamiento muy común en las relaciones con personas pasivo-agresivas es que dicen cosas que te culpan o te desmotivan. Que fue exactamente lo que hizo Martin al sugerirle a Sara los motivos por los cuales ella no conseguía un ascenso.

"Ah, pero ¿quieres decir que no puedo darle consejos constructivos a la persona que amo?". Calma, no es eso lo que estoy diciendo. Sucede que el comentario de Martín (además de menospreciar a Sara) era irreal porque él no tenía información concreta de lo que pasaba en la dinámica interna de la empresa donde ella trabajaba. **Si vas a criticar constructivamente a quien amas, hazlo basándote en motivos reales y no a partir de suposiciones.** Y hazlo solo si de verdad va a ayudar al otro y no para que acabe sintiéndose poca cosa.

También presta atención porque, si estás en una relación con una persona pasivo-agresiva, debes saber que te va a guardar resentimiento por todo, aunque no lo parezca.

Es esa persona que dice que perdona cualquier desliz tuyo, pero que sabe muy bien que lo usará en tu contra en la primera oportunidad que tenga o en tus momentos de debilidad.

A veces, hasta te sientes culpable por enojarte o juzgar mal a una persona que, aparentemente, es siempre tan buena y tiene la disposición. Presta mucha atención, porque las personas pasivo-agresivas son extremadamente sutiles y puede que no percibas que, detrás de su bondad, se esconde un odio feroz que te pone en esa relación abusiva sin que lo notes.

Si todo lo que te dije sobre las relaciones abusivas tiene sentido (y si identificaste que estás con una persona tóxica que lo único que hace es destruirte física o emocionalmente) es hora de cambiar de rumbo y de aprender a liberarte de esa situación.

Cómo liberarte del peligro que duerme en tu cama

▶ **El amor no mueve montañas**

Empezaré enseguida por lo que creo que es probablemente lo más difícil: comprende que tu amor no va a cambiar a esa persona, no va a transformar al abusador en alguien mejor, ni va a hacer que él o ella descubra tu valor. Esa persona jamás sabrá tener una relación equitativa, porque nunca hubo un intercambio verdadero entre ustedes. Aunque te haya hecho creer (por medio de la seducción típica del manipulador) que era la persona ideal y que tú eras la criatura más especial y más amada del planeta.

Por lo tanto, toma conciencia de que esa persona no es quien imaginabas, que esa relación solo te destruyó psicológicamente y que ese amor que te declaraba nunca existió de la forma en que lo soñabas.

Comienza por desaprender las ideas de que el amor mueve montañas y que el bien vence sobre el mal, porque las cosas no funcionan así, cuando estamos hablando de una relación con una persona manipuladora. En realidad, tu amor (en vez de transformar a un abusador en una mejor persona) solo te va a dejar más vulnerable.

▶ La culpa no fue tuya

Cuando notes que estás en una relación así de tóxica, seguramente vas a cuestionarte por qué entraste en una situación así. Y, lamentablemente, jamás vas a encontrar una explicación a lo que viviste. Entonces, deja de culparte y deja de decir que la relación no funcionó por tu culpa. En realidad, sientes eso porque el otro te hizo sentir así, por medio de la manipulación y el abuso psicológico.

Sé que es difícil, pero vas a tener que pasar a la próxima etapa en tu vida sin tener las explicaciones racionales que necesitas. Porque la explicación solo es una: quien abusa física o mentalmente de alguien dentro de una relación es una persona enferma e infeliz.

Cuando uno se da cuenta de que lo usaron, siempre tiende a creer que el error fue suyo.

Pero lo que sucedió en realidad es que eras una persona abierta al amor y fue justo en esa apertura que el abusador encontró el espacio que necesitaba para seducirte y plantarse como el gran norte afectivo que buscabas. Si te equivocaste, fue al estar verdaderamente disponible para el amor. Y eso, estamos de acuerdo, no es una equivocación.

▶ Recupera tu fuerza

Quien ve una relación tóxica desde afuera tiende a creer que la persona que fue la víctima es débil, ingenua y hasta tonta. Y no, no es nada de eso: cualquiera puede pasar por una situación de esas.

Por eso, es importante que comiences a asimilar que, aunque no tengas a una pareja a tu lado, eres una persona fuerte. Tu opinión, tu forma de ver y de vivir la vida deben ser siempre suficiente para ti. Detente y piensa en todo lo que siempre fuiste capaz de hacer antes de entrar en esa relación enfermiza: tenías más amigos, tu vida social era muy diferente, quizás también tenías más contacto con tu familia, te divertías de formas mucho más interesantes, en fin... Te sentías bien contigo mismo y sonreías sin miedo. Tienes que saber que todo eso todavía está dentro de ti, solo necesitas reactivarlo.

En otras palabras, retoma la confianza en ti y en tu autonomía. Es muy probable que esta relación abusiva haya destruido tu confianza en ti mismo, entonces, es momento de retomar tu rumbo y reconquistar ese valioso amor propio que alguien trató de arrancarte.

▶ Toma conciencia de tu valor

Trata de sentirte bien con quien eres y, aunque hayas tenido una relación que te hizo tanto mal, toma conciencia de que diste lo mejor de ti. Reencontrar tu valor es fundamental a la hora de librarte de una relación difícil. Por lo tanto, comienza recuperando tu autoestima. Una buena forma de hacerlo es no compararte con nadie.

Hay un estudio hecho por la Universidad de Waterloo, en Canadá, en 2016, que mostró que las personas que viven comparándose con otras normalmente tienen un pésima imagen de sí mismas. Es decir, tu autoestima está ligada directamente a la creencia que tengas de tus defectos y de tus cualidades. Entonces, es hora de aprender que compararte con lo que los otros aparentan superficialmente es algo que solo va a lastimarte, además de ser bastante injusto contigo mismo.

▶ **Un paso a la vez**

Dejar a una persona tóxica no significa necesariamente que ya te hayas separado de ella. Comienzas a dejar a alguien que te hace mal a partir del momento en que te das cuenta de que estás viviendo al lado de esa persona que te daña. El simple hecho de que estés leyendo estos consejos probablemente significa que ya te diste cuenta de que esa relación no es normal y que ese sufrimiento que te consume no existe entre personas que se aman de verdad. Sin embargo, no debes precipitarte y apresurar las cosas a la hora de poner punto final a la relación. Lo ideal es ir creando estrategias para ello. Por lo tanto, la separación como tal va a tomar algo de tiempo. Sigue a tu velocidad, <u>da un paso a la vez hasta que hayas construido la estructura de vida necesaria para salirte de esa relación abusiva.</u>

▶ **Escribe un correo**

Si terminas una relación abusiva, no hay por qué recriminarte si sientes nostalgia. Eso es absolutamente normal. Al final, independientemente de que el otro sea tóxico y manipulador, la relación pudo haber tenido sus buenos momentos. Además, invertiste cariño y sueños en ese vínculo y retirar toda esa carga afectiva (por más nociva que la relación haya sido) no es trabajo fácil para nadie.

Para ayudarte a superar esto, imagina que alguien de tu círculo de amistades te contó que salió de una relación abusiva, pero que le pesa la ausencia de su expareja. Entonces, escríbele un correo a esa amistad y decanta ahí todos los consejos y todo lo que le dirías sobre ese momento difícil que atraviesa. Cuando termines, envíate ese correo. Tal vez te sorprendas del efecto que eso pueda tener en tus sentimientos.

▶ Permítete sentir rabia

Comprende que una relación abusiva es algo muy violento, psicológicamente hablando, y es muy probable que nunca hayas sido capaz de expresar, de forma adecuada, tu rabia. Hacer eso ahora no significa destruir ni agredir a nadie, sino conectar con tus sentimientos para protegerte de las embestidas psicológicas del abusador.

El abusador siempre te hará creer que eres una mala persona (enojada, descontrolada, loca, histérica), que te la vivías inventando historias para desestabilizar la relación. Y, aunque trataras de defenderte y conservar la calma frente a esos ataques y manipulaciones, si el vínculo duró fue porque (en esa dinámica) en algún punto terminaste callando y desconectando de tu rabia por miedo a cargar con la culpa de todo lo malo que ocurría en la relación.

Y no es raro que la rabia se vuelva contra quien la reprima. Por ello, **dirige tu rabia hacia quien la merece en realidad.** Atención con esto.

▶ Sé paciente contigo mismo

Hay personas que dejan una relación tóxica, pero terminan volviendo a ella. No te culpes ni te castigues por ello aunque ya hayas vuelto una, dos o tres veces a esa situación de la cual estás tratando de escapar. Ten paciencia contigo mismo y comprende que, con cada vez que vuelvas, con cada recaída, te vuelves un poco más fuerte y, por lo tanto, más libre.

El amor sano existe

Puedes recomenzar la vida al lado de alguien que sea capaz de amarte de verdad. No todas las personas en el mundo están desequilibradas o son tóxicas. Las cosas que no funcionaron en aquella relación que te lastimó tanto no sucedieron por tu culpa. Eres y siempre has sido una persona abierta al amor.

El abusador es responsable de la locura que ustedes vivieron. Ponlo en el lugar en donde debería haberse quedado desde el principio: lejos de ti, lejos de tu vida, en tu pasado.

Naciste para vencer y para ser feliz. Entonces, libérate de esa persona que ya te causó tantas heridas y recomienza tu trayectoria ahora. Existen muchos amores en el mundo, afuera y dentro de ti, que te están esperando. No pierdas más tiempo.

• • • • • • • • • • •

TERMINAR UNA RELACIÓN NO ES ALGO FÁCIL. AUNQUE PIENSES QUE ES LO MEJOR, SIEMPRE HABRÁ UN PRECIO QUE PAGAR. HABRÁ PÉRDIDAS, PERO TAMBIÉN GANANCIAS QUE NO SERÁ POSIBLE VER DESDE EL PRINCIPIO. Y, SEGURAMENTE, VAS A NECESITAR AYUDA CUANDO TOMES LA DECISIÓN DE TERMINAR LA RELACIÓN. POR LO TANTO, EN EL PRÓXIMO CAPÍTULO VAMOS A CONVERSAR SOBRE CÓMO LIDIAR DE LA MEJOR MANERA POSIBLE CON ESE PROCESO DE SEPARACIÓN, SEGUIR ADELANTE Y SER FELIZ. TE ESPERO ALLÁ.

• • • • • • • • • • •

SEPARACIÓN
Y SUPERACIÓN

"Si un día te vas,
no pienses en mí.
Que no te quiero mío,
te quiero tuyo.
Si un día te vas,
vete despacio como la noche.
Que amanece sin que
sepamos
exactamente
cómo sucedió".

MILTON NASCIMENTO, "Mi niño"

TODO el mundo va a terminar siempre separándose de quien ama.

Es muy probable que te hayas espantado al leer, en la primera línea de este capítulo, una sentencia tan cruda y determinista. Quizás te imaginas que me refiero al hecho de que (incluso esas relaciones felices y sanas que duran años) en algún momento van a terminar separándose porque uno de los dos va a morirse primero. Eso es verdad, pero todavía no es de eso de lo que estoy hablando. Calma. Nuestra conversación apenas comienza y entenderás muy bien lo que quiero decir con esa frase inicial tan categórica.

Ya debes haber escuchado el refrán popular que dice: "Para conocer a una persona, debes comerte una bolsa de sal con ella". Es decir, se necesita mucho tiempo para conocer a alguien.

Pero lo curioso es que existe una "trampa" en este refrán popular. Al final, con el paso de los meses y años, ya no vas a estar casado con la persona que conociste al inicio de la relación. Ella ya va a haber pasado por muchas experiencias y transformaciones y tú vas a seguir sin conocer (en su totalidad) a esa persona que elegiste, porque con cada pizca de sal ella va a ser otra, física y emocionalmente.

Entiende lo que quiero decir con esto. Por más que yo ame a alguien y comparta mi vida con ese alguien, la relación solo va a durar si aprendo a separarme de quien esa persona dejó de ser y si renuevo mis votos sabiendo amar a la persona en la que se transformó. Por lo tanto, las relaciones (por más felices que sean) están hechas de constantes separaciones y superaciones.

Por supuesto que existe un núcleo inmutable que te permite tener una identidad y saber que no eres la persona que está a tu lado. Pero piensa en cuántas veces te has sorprendido de adoptar ciertas actitudes de las que antes jamás hubieras imaginado que eras capaz. Y esas cosas de tu pasado que ves y dices: "Dios mío, ¿cómo fui capaz? Yo nunca haría eso otra vez. Esa persona no soy yo". Eso sucede porque experimentamos, aprendemos, discutimos, peleamos, amamos, existimos y nos transformamos incesantemente.

Entonces, separarse, reconciliarse contigo y con el otro es algo constante y bastante común en la relación. Solo que **es necesario tener madurez para que la relación no se pierda y para que esos nuevos "yos" continúen amándose, a pesar de todas las reconfiguraciones mutuas.**

Para conversar contigo sobre este tema, revisé mi caja de mensajes de *Nós da Questão* en busca de un caso que ilustrara lo que estoy diciendo. Creo que este correo de una suscriptora de mi canal de YouTube es perfecto para esto. Vamos a verlo juntos.

> "Hace tiempo que lo sigo y mi tema es el siguiente: reencontré un amor de cuando estuve en la facultad. Durante ese tiempo, fuimos novios por dos años, pero en cuanto se graduó, él tuvo la suerte de recibir una propuesta de empleo en otra ciudad y tuvimos que interrumpir nuestra relación. No fue fácil. Aunque nunca dejé de amarlo, nuestras

vidas tomaron rumbos bastantes diferentes. Pasaron tres años, perdimos contacto, pero hace poco tiempo me mudé de ciudad y, de casualidad, nos volvimos a reencontrar. Fue una sorpresa increíble. Era como si nuestro amor del tiempo de la facultad se hubiera vuelto a encender instantáneamente. Y sentí que era recíproco. Quedamos de vernos y tomar un café para conversar y matar la nostalgia. Hablamos sobre las cosas de la época de la facultad, de los amigos que hicimos, de las aventuras que tuvimos... Pero lo que me llamó la atención fue que yo había logrado reconocer en él ese mismo modo de mirarme, de antes, mientras hablaba... Era exactamente como cuando éramos novios. Me contó que se había casado, tenía dos hijos, pero que las cosas no habían funcionado entre los dos y se habían divorciado. Bueno, si el camino ya estaba libre, por qué no intentarlo de nuevo, ¿no? Entonces, después del segundo café, decidimos retomar nuestra relación. Somos novios oficialmente desde hace dos meses y es, entonces, cuando no logro entender lo que sucede. Parece que las cosas no están funcionando. Estamos más viejos, por supuesto, pero somos las mismas personas. Nuestros valores, gustos, temperamentos, nuestra religiosidad (que siempre fue un punto fuerte en común), el deseo sexual, todo continúa igual. Pero es como si lo mirara y, sin embargo, él ya no fuera él. No se trata de la apariencia física ni de su comportamiento. Realmente no lo sé explicar. Él también comenzó a mirar los videos de su canal de YouTube y le gustan mucho. Si pudiera orientarme, se lo agradecería. Siento que nos amamos, creo que el destino nos está dando una segunda oportunidad de ser felices y no quiero que nos separemos de nuevo".

Quiero llamar tu atención hacia dos frases de este correo:

"Aunque nunca dejé de amarlo"

El hombre que ella continuó amando era una persona que no envejeció, no se transformó, no tuvo experiencias. Es decir, un hombre que solo existía en su cabeza, en los hermosos recuerdos que tenía de él. En realidad, ella nunca había dejado de amar a una fantasía y ese fue el primer gran problema de esta historia. ¿Recuerdas cuando, en el capítulo 2, te conté sobre la primera etapa de la relación (la fusión), en la que idealizamos a la persona que acabamos de conocer y solo después (en la etapa de la diferenciación) es que descubrimos que la realidad no corresponde exactamente con nuestras expectativas? Lo que da a entender este relato es que la muchacha se quedó fijada en esa primera etapa y todavía ve al joven desde las idealizaciones que se creó de él en la época de la facultad.

"Estamos más viejos, por supuesto, pero somos las mismas personas"

Aunque ella no hubiera cambiado física, psicológica ni emocionalmente (lo que sería imposible), date cuenta de que (fija en la fantasía expresada en la frase anterior) ella no lograba considerar las cosas importantes en la vida de ese hombre, como sus hijos y el divorcio que ahora cargaba él en el currículum de experiencias amorosas. Sería casi algo ingenuo creer que alguien que haya pasado por esas vivencias siga siendo la misma persona.

Lo que esta muchacha tenía que entender era que, si quería una nueva oportunidad con el novio, tenía que separarse de él. Debía separarse de aquel joven que había conocido en la época de la facultad, ver de manera más realista a ese hombre que reapareció y estar dispuesta a abrazar, apoyar y amar las transformaciones de ese nuevo-viejo pretendiente.

• • •

En el caso en cuestión, las cosas son relativamente fáciles de percibir porque estamos mirando transformaciones que sucedieron en los integrantes de una pareja que estuvieron alejados por algunos años. Y mi idea fue esa misma, presentarte una situación que sirviera como "lente de aumento". Pero entiende que, **en tu relación, aunque todo esté bien y ustedes nunca se hayan separado por grandes periodos de tiempo, los alejamientos y los acercamientos se dan con tal frecuencia que quizás ni los percibes.** Son los cambios constantes (de gustos, de valores, de visiones de vida, de modos de comportarse, en la sexualidad e, incluso, en algunos rasgos de personalidad) que hacen que la pareja (en la mayoría de las veces de forma inconsciente) tenga que vivir microseparaciones al mismo tiempo que prepara interna y silenciosamente la reconciliación con la nueva persona en la cual el otro se transformó.

Eso sucede durante el flujo de la vida, en diversas etapas de la relación, y sirve para garantizarte que (en medio de las microseparaciones y de las microrreconciliaciones) el amor bueno y verdadero puede resistir las transformaciones que suceden con el tiempo.

Separación sin superación

Ahora que entendiste lo que quise decir con la primera línea de este capítulo, es hora de que hablemos sobre cuando esa dinámica de separaciones y superaciones ya no es viable, al punto de que la pareja no logra continuar más la relación.

Ese es un dolor tan profundo y universal que en Zagreb, la capital de Croacia, existe el Museo de las Relaciones Rotas. Allí, puedes encontrar objetos personales enviados por parejas de diferentes partes del mundo (o por uno de los miembros de la pareja) que marcaron el final de su relación. Al lado de cada pieza, un texto explica a quién perteneció y cómo ese objeto estuvo involucrado, real o simbólicamente, en el final de la relación. Las "obras de arte" son variadas. Es curioso, ¿no?

Tantas historias diferentes hacen que tengamos la certeza de que, independientemente de cómo termina una relación, nunca es fácil lidiar con el final.

A fin de cuentas, permitiste que alguien participara de tu vida de una forma única, invertiste afecto y dedicaste buena parte de tus preciosos días a la búsqueda del amor, de ser amado y de ser feliz. Solo que, a veces, no todo sale como se planeó. Y es, entonces, cuando se llega a ese momento de ruptura absoluta, que algunas personas se preguntan. "¿Y ahora qué hago con quien me está causando tanto sufrimiento?".

Fue exactamente esa pregunta la que me hizo una mujer que, después de ser abandonada por el marido, me buscó porque no soportaba el odio mortal que sentía. Llamaremos a mi paciente Jane y a su esposo, Lauro.

Ella repitió la pregunta, solo que ahora con más rabia. "Dígame, doctor, qué hago con un desgraciado así. ¿Lo mato? Fue más de media década de mi vida tirada a la basura. No tenía derecho de portarse así conmigo". Hizo una pausa esperando que yo dijera algo, entonces respondí: "Vas a conseguir matarlo dentro de ti, Jane. Pero, antes de que pensemos qué dirección darles a tus sentimientos, ¿por qué no me dejas escuchar tu historia?".

Ella me miró, dio un largo suspiro y, después de enderezarse en su silla, comenzó a hablar.

> "Siempre fui muy dedicada a nuestra relación. En cada aniversario inventaba una celebración según los años que cumplíamos. Tuvimos decoración de papel al año de casados; fuimos a un parque para comer algodón de azúcar a los dos años de casados; a los tres años fui a una sex shop y compré unos artículos de cuero para jugar, y así sucesivamente. Como este año cumplíamos bodas de azúcar, decidí que prepararía una mesa con los dulces que más nos gustan. Pero la fecha cayó entre semana y, debido al trabajo y el ajetreo del día a día, terminó sin pasar nada. Me quedé un poco enojada y confieso que me pareció extraño que él no le diera

importancia a eso. Hasta que, poco más de una semana después de haber cumplido los seis años de casados, mientras desayunábamos, él simplemente dejó de comer el omelette que yo había preparado y dijo: 'Ya no quiero'. Mi reacción, inocente, fue decirle: 'Entonces, no comas, déjalo ahí'. Él me miró a los ojos y completó la frase: 'Ya no quiero estar en este matrimonio'. La taza se me cayó de la mano y le pregunté qué estaba sucediendo, si se había involucrado con otra persona. Lo negó, por supuesto. Dijo que no había nadie, pero que ya no encontraba placer en nuestra rutina, que necesitaba tomar otro rumbo... Yo, que estaba todavía conmocionada, fui tan idiota que le creí'".

Ese mismo día, Lauro le informó a Jane que se mudaría a casa de su madre hasta saber lo que haría con su vida. En los primeros días, él todavía la llamaba por teléfono, preguntándole si estaba bien y trataba de explicarse, como si rindiera cuentas sobre los motivos aparentemente sin sentido que lo habían llevado a la ruptura.

"En una de esas llamadas, le pregunté si realmente era eso lo que quería y llegué a sugerirle que nos diéramos un tiempo separados, para que lo pensara mejor. Terminé humillándome, implorando por otra oportunidad para nosotros, porque sentía que no soportaba más esa ausencia, pero él se mantuvo firme. Pasé, entonces, a ignorar sus llamadas para ver si 'ignorándolo' me comenzaba a extrañar.

Jane se sentía totalmente devastada y avergonzada con la situación. Se sentía como una fracasada que no era capaz de retener al amor de su vida.

No le contó lo que estaba sucediendo a nadie, se aisló de su familia, de sus amigos y comenzó a poner excusas para faltar al trabajo. Ella solo quería quedarse en su casa, tratando de hallar la manera de sobrevivir el tsunami que se la había tragado por completo.

Cuando el dolor nos separa de nosotros mismos

Los días fueron pasando y la falta de rumbo y de un desenlace definitivo hizo que Jane descuidara su alimentación, su higiene, sus obligaciones, todo.

"Cuando me di cuenta de que mi estrategia de ignorarlo no iba a resultar y que Lauro había dejado de llamarme, comencé a desesperarme. Al final, ¿cómo podría haber desechado un matrimonio de seis años así de fácil? La idea de que él ya estuviera con otra mujer se apoderó de mí como una obsesión. Lauro no sabía, pero yo conocía las contraseñas que él utilizaba en su correo electrónico y en sus redes sociales. Entonces, dejé la ética y el pudor a un lado, y me pasé una tarde entera registrando todo lo que podía. Fui mi propio detective".

Aquí, querido lector o lectora, hago un paréntesis y pido tu atención hacia algo importante. Nunca dispares un arma si no eres capaz de apuntar, porque eres tú quien terminará muriendo. Presta atención a esto, porque, si sientes que todavía no tienes fuerzas para hacer algo con la información que consigas de tu relación, es una actitud psicológicamente protectora optar por vivir en la ignorancia, por lo menos hasta que te sientas lo bastante fuerte para enfrentar los hechos. Entonces, <u>ten cuidado con tratar de levantar un peso que te pueda aplastar.</u>

· · ·

Volviendo a Jane, el que busca, encuentra y, con ella, no fue diferente. Rápidamente, descubrió que el marido no solo la traicionaba desde hacía algunos meses, sino que lo hacía con la hermana de una amiga de la pareja.

"Odio. Tenía ganas de beber la sangre de ese infeliz. Como se había llevado pocas cosas a la casa de su madre, junté todo lo que todavía estaba en casa. Trajes, camisas, zapatos, ropa interior, libros, documentos, fotos... Subí todo a mi auto, lo llevé a un terreno baldío cerca del departamento donde vivo y le prendí fuego. Lo que yo quería, en realidad, era prenderle fuego a él. Después de eso, me pareció mejor buscar ayuda y es por eso que estoy aquí. Tengo miedo de estar enloqueciendo. Son muchos sentimientos mezclados dentro de mí al mismo tiempo".

No, querido lector o lectora, Jane no se estaba volviendo loca. El caso es que, cuando nos abandonan tenemos que soportar dos dolores que nos dejan desestabilizados y divorciados de nosotros mismos: el del rechazo y el del abandono. Y esas dos heridas son tan poderosas que atacan directo a la autoestima, el orgullo y la confianza en uno. Nuestra cabeza piensa que, si fuimos rechazados, o es porque ya no somos valiosos o porque no valemos lo suficiente como para ser amados.

Si estas viviendo esto, debes estar preguntándote: "¿Cuál es el camino para hacer que ese dolor se pase?". Mira, tengo que recordarte que no traigo esas fórmulas mágicas que tratan de transformar la situación en algo práctico y simple de resolver, y recomiendo, una vez más, que dudes y huyas de quien diga que tiene esas recetas mágicas de paso por paso. Pero puedo garantizarte que el conocimiento de ti mismo sobre lo que vives es la clave del poder y de la sanación. Entonces, vamos a comenzar entendiendo que ese gran sufrimiento causado por el fin de una relación normalmente se divide en cinco fases. Y creo que, a partir del momento en que conozcas cada una de esas etapas, vas a sentirte más en control de tus emociones, vas a gestionar mejor tu abandono y, seguramente, no vas a llegar a un descontrol como el de Jane. Si ella, inmediatamente después de la partida de Lauro, hubiera entendido la espiral emocional en que estaba atrapada, estoy seguro de que no habría sumado a su dolor la desesperación de creer estar enloqueciendo. Entonces, veamos ahora cada una de esas fases.

❶ La devastación

El impacto de haber sido abandonado hace de esa fase, sin duda, la más dura de toda la ruptura amorosa. En ella, el sufrimiento es enorme y tenemos la sensación de que el dolor no va a pasar nunca. Es como si no lograras despertar de una pesadilla. Para muchos, la vida comienza a perder el sentido, el valor, y es común no tener fuerzas para volver a levantarse. Pasamos a tener dificultades con el sueño, perdemos el apetito, comenzamos a descuidarnos, junto con una gran cantidad de otros síntomas.

Cuando estés viviendo este momento, no lo enfrentes solo. Busca amigos, familia, hijos, quien sea, pero no te quedes solo, ¿de acuerdo? Y métete una cosa en la cabeza: aunque sea una fase muy dura, todo lo que estás viviendo es normal y es temporal. Va a pasar, puedes estar seguro de ello.

❷ La abstinencia

Parece extraño, pero es exactamente así. Tú cuerpo va a entrar en un estado de síndrome de abstinencia, igual que el de un adicto. La sensación es de abstinencia, de fisura. Tu cabeza va a generar una gran cantidad de fantasías sobre la posibilidad de que esa persona vuelva.

Lo curioso es que, a pesar de la rabia, notarás que necesitas tanto la presencia de esa persona que te dispondrás a hacer y a prometer cualquier cosa para tratar de reconquistar a ese amor perdido. En esa fase, tu compañía más cercana es la desesperación. Pero, fíjate, no te voy a mentir: **es necesario vivir este momento, porque es a partir de aquí que vas a reconocer que lograrás vivir sin el otro.** Después viene el comienzo de la fase de desintoxicación de tu pasión adictiva.

❸ La interiorización

En esta fase, vas a idealizar a la persona que te abandonó. De repente, vas a sentir como si ella tuviera más cualidades de las que realmente tiene.

Es ese momento en que te vas a llenar de dudas y tu cabeza va a comenzar a hormiguear de manera incesante con una gran cantidad de preguntas dolorosas: "¿Y si hubiera hecho tal cosa diferente?", "¿Y si hubiera sido menos cabeza dura?", "¿Y si no me hubiera quejado tanto?"...

En fin, en esta fase, tu rabia se va a volver en tu contra y, seguramente, aparecerá un sentimiento de culpa por el término de la relación. Pero ahí es donde **tienes que ser una persona consciente: entender que una relación es cosa de dos y que, por muy equivocado que hayas estado, no hay ángeles ni demonios en esta historia.**

Si uno se equivocó, el otro fue, por lo menos, cómplice. En realidad, comienzas a vivir la culpa básicamente porque, en tu fantasía (siempre inconsciente), si la equivocación fue tuya, puedes corregirla, se puede transformar, se puede mejorar para hacer que el otro vuelva a ti.

Discúlpame que quiebre tu ilusión, pero está claro que eso no es así. Culparte por el término es, en el fondo, solo un intento de tener el control de la situación, de tener el poder de hacer que el sentimiento o el deseo del otro sean diferentes. Cosas que, definitivamente, no dependen de ti.

❹ La ira

Después de toda esa rabia que cayó en tu contra y después de darte cuenta de que, incluso así, esa persona no volverá a ti, la ira ahora se vuelve en contra suya.

Aunque la sociedad nos enseña que no podemos, o no debemos, alimentar la rabia, el odio o cualquier otro sentimiento negativo, aprende que, en esta fase, tu ira te va a hacer muy bien. Te va a permitir que veas a la otra persona de una forma más realista y menos romántica.

Es en esta fase que aparecen las ganas de hacer dieta, inscribirte en el gimnasio, comprar ropa nueva, rediseñar una nueva apariencia. Es decir, con la rabia comienza tu momento de transformación y tienes el derecho (y el deber) de valorarte y de alimentar tu autoestima.

Los lamentos van, de a poco, desapareciendo y, tal vez, te descubras deseando que quien te abandonó se muera o pase por un sufrimiento peor que el que viviste. Pero no le prestes atención a eso ni te juzgues si este tipo de pensamiento pasa por tu cabeza.

Además de que no te estás "volviendo" una persona mala ni loca, como imaginaba Jane. Estás entrando en un momento de aceptación de la realidad y del hecho de que no tienes ningún poder sobre el deseo del otro de irse de tu vida.

❺ La superación

En esta fase, vas a sentirte capaz de mirar hacia lo que pasó. Vas a poder ver que existe un futuro, lo que será algo profundamente liberador. Es como si la fuerza, la energía y el deseo de nuevos proyectos y de un mundo de otras cosas buenas volvieran a correr por tus venas. Entonces, con tu autoestima parcialmente recuperada, vas a sentir que comienza a existir espacio en tu alma para la posibilidad de vivir un nuevo amor.

Es claro que estas cinco fases no suceden así de forma organizada con todo el mundo. Puedes pasar por todas en pocos días, creer que ya estás viendo la luz al final de túnel y, de repente, aparece esa tristeza fuerte de nuevo. Entonces es necesario que entiendas que estas fases son como el viento en un huracán, girando en una espiral crónica que puede incluso recomenzar, y que es una situación de la que vas a salir más rápido de lo que imaginas.

Utilicé a propósito la imagen de la espiral crónica de un huracán, porque es algo que pasa varias veces por el mismo lugar, pero cada vez sucede en un círculo mayor y más distanciado del punto inicial. Puede ser que en determinados momentos te quedes un poco más de tiempo en esta o aquella fase, pero eso no importa. **Tienes que saber que estás en tu derecho de vivir tu dolor y eso tiene que suceder a tu ritmo.**

En realidad, tienes que vivir ese dolor como quien usa una prenda de ropa hasta que está al punto de rasgarse. Solo entonces vas a sentir que la ropa que antes te parecía linda se convirtió en un trapo y que no tienes que utilizarla ni tampoco mereces usarla. Por eso, espera por el futuro y por ti.

Curando las heridas de la separación

▶ **Rompe el modelo**

Algunas personas, cuando pasan por una separación, tienen la sensación de estar viviendo una especie de repetición. Llegan a pensar: "Estas cosas siempre me pasan"; "Mis relaciones siempre terminan así"; "Debe ser mi karma encontrar sinvergüenzas que me abandonan", etc.

Presta atención: en realidad, puedes (sin darte cuenta) estar atrapado en un modelo de relación que hace que siempre elijas al mismo tipo de persona, solo con un nombre distinto. Es hora de romper ese círculo vicioso.

Para ello, te propongo un ejercicio práctico. Haz un lista de las personas con las que te has relacionado y anota datos como dónde se encontraron; cómo te trataba cada una; cuáles eran los temas que aparecían con más frecuencia en las discusiones que tenían; cómo era el humor de tus antiguas parejas, etc. Después, encuentra los puntos que todas ellas tienen en común. Cuando entiendas el modelo de persona en la que te quedaste fijada, vas a tener la posibilidad de reescribir tu historia amorosa, solo que esta vez, vas a buscar personajes diferentes que puedan traerte mucha más felicidad.

▶ **Respeta el ritmo de tu sanación**

Tienes que esperar tu tiempo de sanación y respetar tu proceso. Al final, por más profunda que sea una herida, siempre va a cicatrizar. Solo necesitas resistir la idea de quedarte rascándote, para no quitarte la costra y no volver a lastimarte. Entonces, es hora de guardar fotos, notitas, regalos y todo lo que te traiga recuerdos de esa relación. Coloca todo en una caja, ciérrala con cinta adhesiva y colócala en el fondo del ropero, en el clóset de los triques (si tienes uno) o dásela a alguien de tu confianza y pídele que te la guarde hasta que tus heridas ya no tengan costra y hayan cicatrizado.

Ah, y hasta que llegue ese momento, nada de buscar noticias de esa persona a través de colegas y amigos en común. Y esto incluye no quedarse buscando ver el perfil de esa persona en las redes sociales. Bloquear es lo mejor, aunque sea temporalmente.

▶ **Construye una vida con varios pilares**

Imagina un edificio sostenido por un único pilar. Aunque ese edificio pudiera existir, seguramente, estarás de acuerdo en que sería una imprudencia diseñarlo de esa forma. Al final, cualquier daño causado por el tiempo y la corrosión significaría el riesgo de un derrumbe de toda la estructura. Ahora, imagina que ese edificio es tu vida y el único pilar que la sostiene es tu relación amorosa. Cuando ese pilar se corroa, tu vida entera se va a desmoronar.

Por eso, coloca diferentes pilares que sostengan tu existencia, porque, cuando uno de ellos falle, el edificio puede sufrir daños, pero se mantendrá en pie. Entre más pilares coloques sujetando tu estructura de vida, más fácil será mantenerte firme cuando haya alguna fisura o falla en el pilar de las relaciones amorosas.

▶ Entiende que va a pasar

Aunque quien esté viviendo una separación sienta como si el dolor nunca se fuera a acabar y como si no hubiera salida para ese fondo del pozo, una investigación hecha en Estados Unidos demostró que las personas que pasaron por un periodo de luto luego del final de una relación, consiguieron recuperarse completamente en un espacio de tiempo promedio de nueve semanas.

A pesar de que el tiempo puede variar por más o menos semanas (dependiendo de tu historia de vida, de tus experiencias amorosas anteriores, de tus traumas, entre otros factores), en nueve semanas ya es posible observar, en algunas personas, lo que los investigadores denominaron proceso de "reorganización del concepto de uno mismo".

Entonces, entiende que (por más que tu corazón se empeñe en decirte que este infierno que quema tu alma nunca se va a terminar) eso que estás viviendo sí va a terminar.

▶ Cambia tu punto de vista

La forma en la que percibes el final de la relación también es fundamental para que puedas recuperarte. Entonces, en lugar de entender todo lo que viviste como si hubiera sido una historia llena de rechazo con un desenlace triste, trata de evaluar la experiencia y extraer todos los aprendizajes que te dejó.

Somos la suma de nuestras vivencias, buenas y malas. Por eso, conversa contigo y con otras personas que acompañaron tu relación para tener puntos de vista externos y transforma esa experiencia dolorosa en un curso de autoperfeccionamiento. Al hacerlo, en vez de pensar que estás perdiendo al amor de tu vida, vas a notar que estás ganando la oportunidad de ser una persona mejor y más madura.

• • • • • • • • • • •

Y ES JUSTAMENTE SOBRE EL TRAYECTO QUE HICIMOS EN ESTE LIBRO, Y SOBRE EL SIGNIFICADO DE ESTE EN TU VIDA, DE LO QUE HABLAREMOS A CONTINUACIÓN. VEN CONMIGO QUE TODAVÍA TENGO ALGUNAS COSAS PARA CONTARTE, ANTES DE QUE NUESTRO VIAJE TERMINE.

• • • • • • • • • • •

Epílogo

• • • • • • • • • • • • • •

EL VIAJE
TERMINA CON
EL ENCUENTRO DE
LOS ENAMORADOS

"Ah, mi bella dama, ¿adónde estás yendo?
Quédate y escucha: tu amor verdadero viene.
Él canta de todo un poco, baladas y cosas del estilo.
Ah, mi bello pajarito, no viajes más.
Los viajes terminan cuando el amor comienza,
Y hasta el hijo de un hombre sabio sabe esto".

WILLIAM SHAKESPEARE,
"Ah, mi bella dama", *Noche de reyes*

UNA VEZ que has llegado hasta aquí, creo que te habrás dado cuenta de que no todo el mundo sabe qué es necesario para tener una relación sana y feliz. En el transcurso de este libro, elegí situaciones que son bastante comunes en el día a día de las relaciones, esperando que estos temas te sirvieran como un mapa de estrellas que pudieran ayudarte a iluminar la oscuridad. De todas formas, hay que tener en mente que una relación es mucho más que todo lo que hemos conversado hasta aquí.

En realidad, con cada una de las reflexiones que hemos hecho juntos, mi objetivo era hacerte preguntas que pudieran ayudarte en tu vida amorosa. Con el fin de que descubrieras lo que había en ti (dentro de las respuestas que te venían a la mente) mientras transitábamos juntos estas páginas. Si encontraste partes tuyas (y no mías) en todo lo que leíste, habrás notado que algunas respuestas que esperabas para situaciones en tu relación no fueron abordadas en este libro. Estas lagunas siempre van a existir. ¿Y sabes por qué? Por el simple hecho de que las "fórmulas mágicas" y totales no existen.

Digo esto con tranquilidad porque sé que cada encuentro es único y específico. Toda relación amorosa tiene su ganancia y su pérdida. Lo que motiva el comienzo de una relación puede no durar de la misma forma a lo largo de la relación y viceversa. Como nos enseña un pasaje de *Romeo y Julieta*, "el amor es una locura sensata, una hiel que endulza, una dulzura que amarga".

Es por buscar soluciones rápidas y absolutas que muchas veces las personas leen (en diferentes lugares) a profesionales que proponen "soluciones fáciles" para problemas amorosos y algunos lectores se entusiasman por la posibilidad de aplicarlas en su vida cotidiana. Esperan transformar la relación de agua en vino..., pero, a fin de cuentas, esto no sucede. Cada relación es única y es natural que haya problemas específicos que solo van a ser solucionados en el proceso de convivencia mismo. Es decir, **la vida y el amor son una negociación eterna que haces contigo mismo y tus respuestas nunca van a estar en otra persona, sino en ti, siempre.**

Si las soluciones y los caminos a tus dilemas amorosos no estuvieran escondidos en ti, los dolores y conflictos que pueden existir en tus relaciones nunca se resolverían si la otra persona ya no está o si se rehúsa a volver a tus brazos. Solo que esto está muy lejos de ser verdad.

Creo que también entendiste, en el transcurso de este libro, que hay un gran engaño que sobrevuela las relaciones. Muchas personas buscan una relación con otra persona para llenar sus carencias afectivas. Y, mira, creer eso es un intento vano de alcanzar lo inalcanzable.

Hay personas que viven como un náufrago que necesita aferrarse urgentemente a algo para no morir ahogado. Entonces, no esperes que la otra persona sea ese pedazo de madera al cual te vas a aferrar de forma desesperada por miedo a hundirte en tu mar de carencias. En realidad, debes aprender a nadar al lado de la otra persona.

Reinvéntate como alguien que no tiene miedo de sus propios abismos emocionales, porque la persona que amas nunca va a conseguir darte la respuesta que esperas. Es curioso descubrir que la imposibilidad del otro de completarte al 100% deja la relación vulnerable y fuerte al mismo tiempo.

Y esa vulnerabilidad existe porque las incertidumbres, las angustias y los sufrimientos que cargas no van a dejar de existir solo porque tienes una relación amorosa. Cuando la otra persona no logra satisfacer esos vacíos, eso termina transformándose en frustración, no aceptación del otro y rabia. Entonces, descubrirás que "fracasaste" en esa relación "insuficiente" y abandonarás el barco, pensando que la relación no funcionará o que ya no tiene sentido. Como si estuvieras enamorado de un espejismo.

Por otro lado, también **descubrirás que la persona que amas no es el pedazo de madera que salva al náufrago desesperado (y que también tiene muchas fallas y defectos), pero sí puede ser un puerto seguro.** Tal vez, tu relación no sea el transatlántico que soñabas, pero puede ser un yate cómodo que te protege del frío y de las olas tempestuosas que sacuden tu corazón. Es decir, la otra persona nunca va a lograr cubrir todas tus expectativas emocionales, y ni siquiera tiene que hacerlo, pero te va a ayudar a atravesar muchas de tus debilidades y dolores internos. ¡Y eso será muy bueno!

Recuerda que la búsqueda de una relación trae siempre el encuentro con alguien que, así como tú, tiene un pasado y heridas. Y ese encuentro va a exigir un ajuste delicado, paciente y lleno de renuncias de ambas partes. Si cuidan esa relación, incluso con las diferencias y carencias que existen entre los dos, las oportunidades de que se mantengan enamorados y unidos son muchas. No porque tengas miedo de la soledad, sino porque podrás imaginarte haciendo planes y envejeciendo al lado de esa persona. Solo así puede nacer el amor, basándose en la intimidad, en la entrega y en el compromiso.

Pero el amor sostenido por esos tres pilares parece una realidad cada vez más rara, si consideramos que el número de separaciones y de personas solitarias aumenta cada vez más en nuestro planeta. Es por eso que también traté, con los temas abordados en los capítulos de este libro, de mostrar diferentes puntos que pueden afectar a las relaciones. La artificialidad de las relaciones, los modelos "correctos" a seguir, la pérdida de la identidad, la traición a la confianza, la manipulación del otro, la idealización de que la pareja te pertenece, la preocupación por la imagen social y por las intromisiones ajenas, la burocracia sexual... Todos estos temas remiten a cierta desconexión de uno mismo y a las dificultades de organizarse frente a los movimientos de la persona amada.

Por eso, es hora de comprender que, al tener cualquier relación amorosa, llevas en el equipaje las relaciones que entablaste con tus padres, tu mundo de heridas, tus sueños, tus experiencias y tus idealizaciones. Y nadie, como ya te dije, lo satisface nunca completamente (ni tampoco lo satisface un consejo o sugerencia de nadie).

Este libro comenzó con una pareja que se conoció a través de una aplicación de citas de internet y donde los miembros se distancian uno del otro. Ahora, retomamos esta imagen inicial para decir que el viaje por estas páginas termina con el encuentro de dos enamorados. Aunque parezca que la relación con la otra persona que amas esté llegando a su fin, o ya haya terminado, cada encuentro que vives es sólo el principio. ¿Parece contradictorio? Calma.

El encuentro de enamorados al que me refiero, que está apenas comenzando y que se va a mantener siempre abierto, es aquel que tienes contigo mismo.

Y digo enamorados, en plural, porque (aunque seamos únicos) nuestra existencia es como un diamante lleno de facetas que refleja de formas diferentes nuestras emociones y modos de ser y nos hace muchos en uno solo. Es el encuentro y la pasión por todos esos "yos" que viven en ti lo que, al mismo tiempo, da un inicio y un final a tu viaje.

Por lo tanto, tu relación con los demás solo va a prosperar cuando, antes que nada, te cuestiones si lo que existe en ti (lo que merece ser deseado por los otros) es suficiente para que te ames. Tener claridad en esta respuesta es fundamental, porque muchos parecen sufrir de una tremenda carencia de amor propio. Si este es tu caso, imposibilitas tus relaciones porque no tienes la cortesía de amarte primero.

Por eso, en la presentación de este libro, te advertí que no tomaras mis discursos ni los de cualquier otro "-ólogo" como una verdad absoluta. La mejor cosa que puedes hacer es experimentar el encuentro con tu universo interior, para descubrir tus propias alternativas de ese misterio permanente de amar, (des)amar, amar (de nuevo).

Que este libro sea, entonces, una puerta que se abre en tu alma. Y, como toda puerta lleva a algún lugar, reúne el valor, atraviesa el umbral y atraviésala. Es hora de volver tus ojos dentro de ti y de ser las respuestas que, durante tanto tiempo, buscaste en el mundo exterior. Vamos, no tengas miedo. Da el primer paso para encontrarte con la persona que necesita ser tu gran pasión hasta el final de la vida: tú mismo (o misma). Porque nuestro destino y nuestra felicidad siempre van a estar en nuestras manos y nunca en las de nadie más.

Yo estaré aquí, animándote, deseándote un viaje emocionante y productivo en busca de la pasión por ti mismo (o misma). ¡Piénsalo!

······

TÍTULOS RECOMENDADOS

DETENTE,
¿CÓMO VA TU VIDA?

MUJERES PODEROSAS

CÓMO MANIFESTAR

TAROT PARA CAMBIAR

¡Tu opinión
es importante!

Escríbenos un e-mail a **miopinion@vreditoras.com**

con el título de este libro en el "Asunto".

Conócenos mejor en:

www.vreditoras.com

 **VREditorasMexico**

 VREditoras